总 序

教材是高校实现人才培养目标的重要载体,教材及教材建设对高校发展具有举足轻重的作用。与培养模式相对应的教材是培养合格人才的基本保证,是实现培养目标的重要工具。由于历史原因,在财经类教材的出版方面,相关出版社出版研究型本科或者高职高专、中等职业等层次的教材较多,而应用型本科教材较少。虽然近年来一些应用型本科教材也陆续出版,但总体而言,这些教材还是缺乏权威性、普适性、实用性、创新性。造成这种状况的原因主要在于:出版社对财经类应用型本科教材的出版还不够重视,没有进行有效组织;财经类应用型本科院校多为新建院校,教材建设相对滞后,主观上也较愿意使用研究型本科教材;在教材使用中存在比较严重的混用现象,教材目标读者群不明确,如不少教材声称既适用于研究型本科院校又适用于应用型本科院校,或者既适用于本科院校又适用于高职高专院校。

由于目前财经类应用型本科教材种类和数量匮乏或质量欠佳,财经类应用型本科院校不得不沿用传统研究型教材。这些教材本身的质量很好、级别很高,但是并不适用于应用型本科院校的教学,教师和学生普遍反映不好用。即使在全国范围看,也还没有相对成套、成熟的、适合财经类应用型本科院校的教材。现有财经类教材存在的主要问题包括:①教材的定位和要求较高;②教材的内容偏多、难度大;③教材着重于理论解释,相关案例、实训等内容较少,缺乏普适性、实用性。

与此同时,信息技术的快速发展使学生的学习习惯和阅读习惯发生了改变,不断朝个性化、自主学习式的方向发展,传统的单一纸质版教材已经无法适应这种变化。翻转课堂、慕课、微课等网络课程的兴起,混合式教学的不断推进,也对立体化教材建设提出了新的要求。教材作为一种课堂上的教学工具,一种传播媒介,理应顺势而为,随课堂形式、学生学习方式的改变而改变,朝着数字化、立体化、可视化的方向发展。因此,编写一套适应学生水平、便于学生接受的立体化财经类应用型本科教材迫在眉睫。

我们组织具有多年应用型人才培养经验的优秀教师和实务界专家编写了这套高等学校创新性数智化应用型经济管理规划教材。本系列教材有《会计基本技能》《出纳实务》《基础会计》《中级财务会计》《成本会计》《管理会计》《会计信息系统》《财务管理》《审计学》《高级财务会计》《商业分析》《税法》《经济法》《金融学》《Excel在会计和财务管理中的应用》等品种。为了保证教材的质量,我们为本系列教材聘请了知名高校的专家教授进行专门指导和审核。每本教材至少有一名本学科的知名专家或学科带头人提出审核指导意见，至少有一名高等院校教学一线的高级职称教师参与组织编写、至少有一名行业协会、实务界专家或教学研究机构人员提出编写建议。

本系列教材的特色如下。

1. 应用性

应用型本科的教材建设应坚持培养应用型本科人才的定位，充分吸收和借鉴传统的普通本科教材与高职高专类教材建设的优点和经验，以就业为导向，做到理论上高于高职高专类教材、动手能力的培养上高于传统的本科院校教材。本系列教材体现了应用型本科的定位，体现了素质教育和"以学生发展为本"的教育理念，遵循了高等教育教学基本规律，重视知识、能力和素质的协调发展，根据应用型人才培养模式对学生的创新精神、实践能力和适应能力的要求，在内容选材、教学方法、学习方法、实验和实训配套等方面突出了应用性特征。

2. 针对性

本系列教材的编写符合会计学、财务管理和审计学等专业的培养目标、培养需求、业务规格和教学大纲的基本要求，与各专业的课程结构和课程设置相对应，与课程平台和课程模块相对应。本系列教材在结构纵横的布局、内容重点的选取、示例习题的设计等方面符合教改目标和教学大纲的要求，把教师的备课、试讲、授课、辅导答疑等教学环节有机地结合起来。

3. 立体化

本系列教材为立体化教材，实现了由传统纸质教材向"纸质教材＋数字资源"的转变，通过技术手段将晦涩难懂的理论知识转变为直观的具体知识，以立体化、数字化的方式呈现，包括图文、动画、音频、视频等多种形式，生动、有趣且易懂，不仅可以激发学生的学习兴趣，还有利于教学效果的提升。

4. 趣味性

本系列教材注重趣味性，使用了大量的例题和案例，每章都加入了"思政育人""相关思考""延伸阅读"等内容，使读者能够加深理解，便于掌握相关内容。在案例、例题等的设计选用上重点突出趣味性，易于引发读者的共鸣。

5. 先进性

本系列教材反映了应用型会计人才教育教学改革的内容，能够反映学科领域的新发展。教材的整体规划、内容构建等均体现了创新性。教材还强调了系列配套，包括教材、学习参考书、教学课件等。立体化教材在内容修订上更具有明显优势，线上资源可以随时根据政策法规、理论知识或工作实务等的变化进行调整，更有利于保持教材内容的先进性。

6. 基础性

本系列教材打破传统教材自身知识框架的封闭性，尝试多方面知识的融会贯通，注

高等学校创新性数智化应用型经济管理规划教材（会计实验系列）

总主编 / 李雪　　主审 / 徐国君

会计基本技能（第三版）

高杉 ◎ 主编

王庆　姜林 ◎ 副主编

图书在版编目(CIP)数据

会计基本技能 / 高杉主编. --3 版. --上海：立信会计出版社，2024.7. --("十四五"高等学校创新性数智化应用型经济管理规划教材). -- ISBN 978-7-5429-7713-7

Ⅰ.F230

中国国家版本馆 CIP 数据核字第 2024QM0245 号

策划编辑　　方士华
责任编辑　　陈　旻
美术编辑　　吴博闻

会计基本技能(第三版)
KUAIJI JIBEN JINENG

出版发行	立信会计出版社		
地　　址	上海市中山西路 2230 号	邮政编码	200235
电　　话	(021)64411389	传　　真	(021)64411325
网　　址	www.lixinaph.com	电子邮箱	lixinaph2019@126.com
网上书店	http://lixin.jd.com		http://lxkjcbs.tmall.com
经　　销	各地新华书店		
印　　刷	上海万卷印刷股份有限公司		
开　　本	787 毫米×1092 毫米　　1/16		
印　　张	10.25		
字　　数	220 千字		
版　　次	2024 年 7 月第 3 版		
印　　次	2024 年 7 月第 1 次		
书　　号	ISBN 978-7-5429-7713-7/F		
定　　价	35.00 元		

如有印订差错，请与本社联系调换

重知识层次的递进,体现每一门科目的基本内容,同时在具体内容上突出实际运用知识能力,做到"教师易教,学生乐学,技能实用"。

7. 易于自学性

自学能力是大学生的一项基本能力。学生只有具备了自主学习的能力,才能最终建立起终身学习的保障体系,这也是应用型本科人才培养的客观要求。应用技术型高校的生源素质与普通高校相比存在一定的差距,除一部分是高考发挥失误的学生外,还有一部分学生在学习习惯、基础知识等方面存在一定的欠缺,这就要求教材能够调动这部分学生的学习积极性,在理论方面尽量通俗易懂,在实践方面尽量采用案例式教学。为了有利于学生课后自主学习,本系列教材配套了学习指导书和教学课件。

因此,本系列教材的定位准确,特色明显,适用于应用型本科院校教学,便于学生的自学和教师的教学。

本系列教材凝聚了众多教授和专家多年来的经验和心血。当然,由于我们的经验和人力有限,教材中难免存在不足,我们期待着各位同行、专家和读者的批评指正。我们将根据经济发展和会计环境的变迁不断修订教材,以便及时反映学科的最新发展和人才培养的最新变化。

本系列教材自2014年出版后,得到市场的认可,深受广大高校师生的欢迎。为了更好地回馈读者,我们从2017年起启动本系列教材第二版的修订工作,2019年启动第三版的修订工作,2021年启动第四版的修订工作。各种教材的修订版已陆续出版。我们会一如既往地做好教材修订和相关服务工作,希望广大读者对本系列教材继续给予支持。

李 雪

2024年1月

第三版前言

本书是"十四五"高等学校创新性数智化应用型经济管理规划教材(会计系列)之一,具有应用性、针对性、先进性、基础性、易于自学性的特点。本书在充分吸收和借鉴传统的普通本科教材与高职高专类教材建设的优点和经验的基础上,以就业为导向,做到在理论上高于高职高专类教材、在动手能力的培养上高于传统的本科教材。

一、本书的写作思路及内容安排

"会计基本技能"是财经类各专业学生必学的通用技能课程,是深入学习其他财经类专业课程的基础。本书共分为7章,主要内容包括总论,会计的书写技能,电子计算工具的应用技能,现钞与电子货币应用技能,常见原始凭证的认知与填制,会计档案的整理、归档与保管,会计人员的沟通技能。每章都结合相关案例及会计实务操作技巧,对重点内容进行讲解,并加入"延伸阅读""会计职业道德""技巧提示"等内容,以培养学生的技能操作能力和创新能力;在讲解的过程中与实务工作紧密结合,以增强学生理论与实务相结合的能力;同时借助仿真原始凭证、账簿、图、表等方式进行讲解,便于学生理解掌握。本书主要作为普通高等教育经济管理类专业教材,也可供相关专业人员参考。

二、本书的编写特点

本书从应用型人才培养的角度,用通俗易懂的语言深入浅出地介绍会计基本技能的理论和实务,主要有以下特色。

(1) 以就业为导向,紧扣职业教育的主旋律。本书的设计突出理论联系实际,体现实际操作能力,即重视知识、能力和素质的协调发展,为学生的就业打下坚实基础。

(2) 内容编排合理,符合高等学校学生的认知规律。在编写的整体设计思路上,注重教、学、训、练、用的结合;在内容的编排上着重培养学生动手能力,从各项基本技能的每个环节入手,教与学结合、学与训一体、练与用衔接,既注重实际工作中常用技能的介绍,又兼有知识技能的拓展,为培养一专多能的应用型人才奠定基础。

(3) 本书的设计体现综合性和超前性。学生通过理论的学习与练习能更多地接触会计实务,提高分析和解决问题的能力。

(4) 力求仿真,图文并茂,穿插鲜活案例,模拟实际业务,立体化。本书将目前经济活动中的常见票据及原始凭证移入,突出会计专业技术能力和岗位能力的培养,操作性强,缩短了课堂和实际工作的距离,增强了学生的就业能力。

(5) 配套资源丰富。本书配有《会计基本技能学习指导书》等辅助资料和微课视频,着重会计基础知识和技能的巩固、强化与提高。通过将配套资源与本书的配套使用,更好地实现知识—训练—巩固—提高的系统化。

(6) 课程思政特色鲜明。第三版各章设有"思政育人"专栏,用鲜活的素材引导学生树立正确的人生观、价值观,以实现立德树人的根本任务。

本书由高杉任主编,王庆、姜林任副主编,多位优秀教师和实务界专家参编。具体分工如下:第一章总论(高杉),第二章会计的书写技能(王庆),第三章电子计算工具的应用技能(李艳花、蔡素兰),第四章现钞与电子货币的应用技能(王庆),第五章常见原始凭证的认知与填制(高杉),第六章会计资料的整理、归档与保管(姜林),第七章会计人员的沟通技能(姜林)。

本书在编写的过程中参考了大量的相关教材和论著,在此向有关作者致以深深的谢意!

本书编者对本书的编写进行过多次讨论研究,力求内容编排合理、避免错误。书中若有疏漏不足之处,敬请读者批评指正。

编　者

2024 年 9 月

目 录

第一章 总论 ·· 1
  第一节 会计与会计工作流程 ·· 2
  第二节 会计基本技能概述 ··· 5
  本章小结 ·· 8
  本章重要概念 ··· 8
  思考与练习 ·· 8

第二章 会计的书写技能 ·· 9
  第一节 数字的书写技能 ··· 10
  第二节 文字的书写技能 ··· 15
  第三节 电子书写技能 ·· 21
  本章小结 ··· 23
  本章重要概念 ·· 24
  思考与练习 ··· 24

第三章 电子计算工具的应用技能 ··· 25
  第一节 电子计算器的应用 ··· 27
  第二节 翻打传票技能 ·· 31
  第三节 电子收款机的应用 ··· 36
  第四节 Excel 计算功能的应用 ·· 41
  本章小结 ··· 53
  本章重要概念 ·· 54
  思考与练习 ··· 54

第四章　现钞与电子货币的应用技能 …… 55

第一节　点钞与验钞概述 …… 56
第二节　手工点钞技能 …… 62
第三节　机器点钞技能 …… 69
第四节　验钞技能 …… 71
第五节　电子货币 …… 74
本章小结 …… 77
本章重要概念 …… 77
思考与练习 …… 77

第五章　常见原始凭证的认知与填制 …… 78

第一节　原始凭证的种类与内容 …… 79
第二节　银行结算凭证的认知与填制 …… 83
第三节　现金收付业务常见凭证的认知与填制 …… 106
本章小结 …… 121
本章重要概念 …… 121
思考与练习 …… 122

第六章　会计资料的整理、归档与保管 …… 123

第一节　会计凭证的整理、归档与保管 …… 125
第二节　会计账簿的整理、归档与保管 …… 132
第三节　财务会计报告的整理、归档与保管 …… 135
本章小结 …… 139
本章重要概念 …… 139
思考与练习 …… 139

第七章　会计人员的沟通技能 …… 140

第一节　会计人员应具备的沟通技能 …… 141
第二节　提高会计人员的沟通技能 …… 144
本章小结 …… 149

本章重要概念 ·· 149

思考与练习 ·· 150

参考文献 ·· 151

第一章 总 论

- 内容提要
- 重点难点
- 学习目标
- 知识框架
- 思政育人
- 第一节 会计与会计工作流程
- 第二节 会计基本技能概述
- 本章小结
- 本章重要概念
- 思考与练习

内容提要

本章主要讲解会计的含义及特征;会计的基本职能;会计核算工作流程;会计基本技能的含义及内容;学习会计基本技能的重要性。

重点难点

本章重点是会计的含义及特征、会计核算工作流程、会计基本技能的含义及内容;难点是学习会计基本技能的重要性。

学习目标

通过本章学习,学生应了解会计的特征以及会计的基本职能;理解会计的含义及其会计核算工作流程;掌握会计基本技能的内容及其重要性。

微课视频1-1
第一章总论
学习导引

知识框架

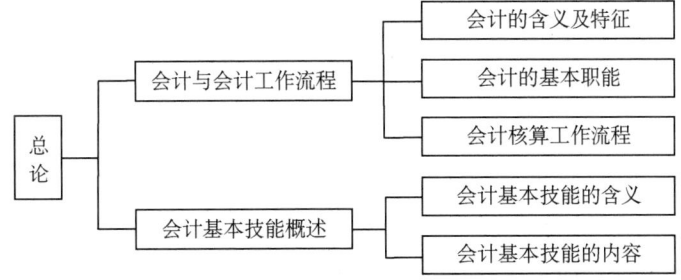

思政育人

2023年6月,即将毕业的会计专业学生张某,到某大型公司应聘。当时该单位缺少一名出纳人员,在此之前已有一名应届硕士研究生提前两月来到该单位应聘实习。单位王经理告诉他,他也可以先留下来试用,3个月后,从他们两人中选留一人为本单位出纳。张某当时感觉自己和一个硕士研究生竞争这一职位,自己被留下来的几率相当小。但想来想去,还是决心留下来试一试。可试用期刚过1个月,王经理就找到了张某,告诉他可以留下来从事出纳工作。张某在高兴之余,感觉有些不解。于是他冒昧地问王经理:"我认为那位硕士研究生比我更有优势,您为什么要聘用我呢?"王经理告诉他:"你虽然是一名大学本科学生,但你的点钞和翻打传票能力要比那位硕士研究生好,你的会计基本技能的基本功扎实,今后你的工作效率肯定比他要高,因此决定录用你。"听罢王经理的一席话,张某终于明白了为什么自己会胜过那位硕士研究生。原来,会计基本技能操作是如此重要!

【思政寄语】
培养造就大批德才兼备的高素质人才,是国家和民族长远发展大计。

第一节 会计与会计工作流程

一、会计的含义及特征

(一) 会计的含义

会计是以货币为主要计量单位,反映和监督一个单位经济活动的一种经济管理工作。

具体来说,会计是以货币为主要计量单位,以凭证为依据,运用一系列专门的方法和程序,对一定主体的经济活动进行连续、系统、全面地反映和监督,旨在提供经济信息和提高经济效益的一项经济管理活动,是经济管理的重要组成部分。

(二) 会计的特征

1. 会计以货币作为主要的计量尺度

在商品经济条件下,一切商品都有价值,社会再生产过程中的生产、交换、分配和消费等经济活动,都是通过货币计量来综合反映的。尽管有时会计也要运用实物量度和劳动量度作为辅助量度,但是货币量度始终是会计最基本的、统一的、主要的计量尺度。

2. 会计以凭证为依据

会计的任何记录和计量都必须以会计凭证为依据,这就使会计信息具有真实性和可验证性。只有经过审核无误的原始凭证才能据以编制记账凭证、登记账簿。这一特征也是其他经济管理活动所不具备的。

3. 会计对经济活动事项的核算具有连续性、系统性、完整性和综合性

会计在利用货币量度核算和监督经济活动时,以经济业务发生的时间先后为顺序连续地、不间断地进行登记,对每一次经济业务都无一遗漏地进行登记,不能任意取舍,做到全面完整。登记时,要进行分类整理,使之系统化,而不能杂乱无章,并通过价值量进行综合、汇总,以完整地反映经济活动的过程和结果。

4. 会计为提高经济效益服务

对于企业而言，一切经济工作都围绕着提高经济效益这一目标。追求经济效益是进行价值管理的核心内容，是人们提供与使用会计信息的目的，因此会计是以提高经济效益为目标的。

二、会计的基本职能

会计的职能是指会计在经济管理中所具有的功能。一般而言，会计的基本职能包括反映和监督两个方面。

（一）会计的反映职能

会计的反映职能是指会计能够按照公认会计准则的要求，通过一定的程序和方法，全面、系统、及时、准确地将一个会计主体所发生的会计事项表达出来，以达到揭示会计事项的本质、为经营管理提供经济信息的功能。

会计的反映职能在整个会计职能中起着基础性的作用，其他职能都是在此基础上进一步展开的，因此，会计的反映职能是实现其他会计职能的前提。随着管理要求的提高，会计的反映职能不仅仅是对经济活动进行事后反映，为了在经营管理上加强计划性和预见性，会计还要利用其信息反馈，对经济活动进行事前和事中反映。

（二）会计的监督职能

会计的监督职能是指会计按照一定的目的和要求，利用会计信息系统所提供的信息，对会计主体的经济活动进行控制、监察和督促，使之达到预期的目标。会计的监督职能就是监督经济活动按照有关的法规和计划进行。

监督职能在会计行为实施之前就发挥作用，同时又是会计工作的落脚点。它通过会计信息系统与会计控制系统的有机结合，突出地表现了会计在企业单位经营管理中的能动作用，在一定程度上体现了会计是一种管理活动的基本思想。

就会计两大基本职能的关系而言，反映职能是监督职能的基础，没有反映职能提供的信息，就不可能进行会计监督，因为如果没有会计反映职能提供可靠、完整的会计资料，会计监督就没有客观依据，也就无法进行会计监督；而监督职能又是反映职能的保证，没有监督职能进行控制，提供有力的保证，就不可能提供真实可靠的会计信息，也就不能发挥会计管理的能动作用，会计反映也就失去了存在的意义。因此，会计的反映职能和监督职能是紧密结合，密不可分，相辅相成的，同时又是辩证统一的。

三、会计核算工作流程

在会计实务中，会计核算工作流程是指会计工作从开始到结束所经历的各个环节。具体的工作流程如图1-1所示。

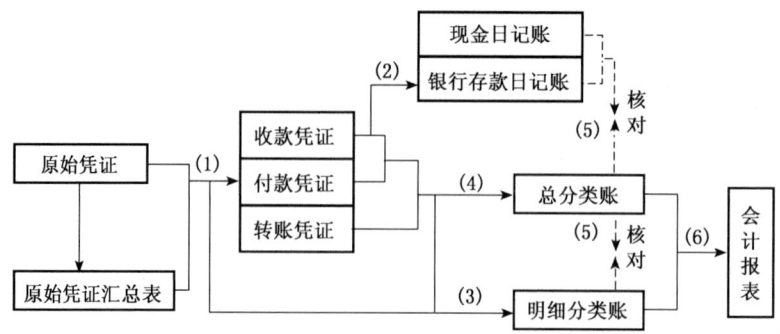

图 1-1　会计核算工作流程图

图 1-1 中,具体工作流程如下:

(1) 经济业务发生以后,根据审核无误的原始凭证或原始凭证汇总表填制各种专用记账凭证(收款凭证、付款凭证和转账凭证)。

(2) 根据收款凭证和付款凭证逐笔登记现金日记账和银行存款日记账。

(3) 根据记账凭证并参考原始凭证或原始凭证汇总表,逐笔登记各种明细分类账。

(4) 根据各种记账凭证逐笔登记总分类账。

(5) 月末,将日记账、明细分类账的余额与总分类账中相应账户的余额进行核对。

(6) 根据总分类账和明细分类账的资料编制会计报表。

延伸阅读 1-1

会计的基本假设

会计基本假设是企业会计确认、计量和报告的前提,是对会计核算所处时间、空间环境等所作的合理设定。会计基本假设包括会计主体、持续经营、会计分期和货币计量。

(一) 会计主体

会计主体是指企业会计确认、计量和报告的空间范围。为了向财务报告使用者反映企业财务状况、经营成果和现金流量,提供与其决策有用的信息,会计核算和财务报告的编制应当反映特定对象的经济活动,才能实现财务报告的目标。

(二) 持续经营

持续经营是假设会计主体的经营活动,在可以预见的未来,按照现在的形式和目标,无限期地继续下去,不会进行破产清算。

(三) 会计分期

会计分期是指将企业持续不断的生产经营活动分割为一定的期间,据以结算账目和编制会计报表,从而及时地提供有关财务状况和经营成果的会计信息。

(四) 货币计量

货币计量是指企业在会计核算过程中采用货币为计量单位,记录、反映企业的经营情况。企业会计准则规定,会计核算应以人民币为记账本位币。

第二节 会计基本技能概述

一、会计基本技能的含义

所谓技能,是指人在意识支配下所具有的肢体动作能力,是人们为了生存而掌握和运用某种专门技术的能力。

会计基本技能是指从事会计工作的人员在其职业活动范围内应该具备并掌握的基本操作技能,是做好各项会计工作的前提条件。

二、会计基本技能的内容

会计基本技能主要包括会计的书写技能、电子计算工具的应用技能、现钞与电子货币应用技能、常见原始凭证的认知与填制、会计资料的整理、归档与保管以及会计人员沟通技能。

1. 会计的书写技能

会计工作离不开书写。数字的书写是财经工作者的一项基本功,对会计人员来说尤为重要。财经工作常用的数字有两种:一种是阿拉伯数字,另一种是中文大写数字。用阿拉伯数字表示的金额数字简称为"小写金额",通常用于各种原始凭证、记账凭证、账簿和报表上;用中文大写数字表示的金额数字简称为"大写金额",主要用于填写收款收据、支票、存取款单等重要凭证,两者同时使用可以印证金额数字的真伪,保证金额数字的真实性。随着信息化的不断发展,Word、Excel、Powerpoint 等 Office 办公软件已经成为财务工作中不可或缺的工具,同时,单位大多使用财务软件进行日常会计核算,数字、文字的电子书写技能显得尤为重要。

2. 电子计算工具的应用技能

电子计算器作为一种先进和专业的计算工具,具有价格低廉、体积小、重量轻、便于携带、计算迅速准确、功能强大等特点,因此在现代生活和经济工作中都得到了非常广泛的应用。基于电子计算器及其技术的重要性与应用的广泛性,了解和掌握其分类、结构和基本操作方法是很有必要的。翻打传票便是利用电子计算器,在经济核算工作中,对传票的数据进行汇总计算的一种方法。翻打传票是财经工作人员的一项基本功,熟练地掌握其相关的技能和方法,对实际工作具有重要的意义和作用。Excel是微软公司推出的 Office 办公系列软件的一个重要组成部分,主要用于电子表格处理,可以高效地完成各种表格和图形的设计,具有强大的数据组织、计算、分析和统计功能,广泛应用于财务、行政、金融、经济、统计和审计等众多领域,大大提高了数据处理的效率。

微课视频 1-3
会计基本技能的应用

3. 现钞与电子货币应用技能

  点钞与验钞是企业出纳人员、银行业务人员的基本功,是从事财会、金融和商品经营等职业的人员及财经类院校学生必须掌握的一项专业技能。

  点钞是点纸币的一种俗称。它是指按照一定的方法查清票币的数额,即整理、清点钞票,使进出钞票的数量和质量得到保证。在银行泛指清点各种票币,又称票币整点。因此,点钞是出纳工作最重要的一个组成部分。

  验钞是在点钞的同时进行的,属于点钞技术的一个方面。验钞方法分为人工鉴别法和机器检测法。

  点钞与验钞技术,将直接影响现金收支业务的工作效率与质量。因此,从事会计工作的人员和银行业务人员必须增强反假币观念,加强点钞、验钞技能的学习与训练,不断提高识别真假货币的能力,为稳定金融市场作出贡献。

  电子货币是以电子计算机、现代通信为基础,以各种交易卡为载体,通过电子信息转账系统贮存和转移的货币。电子货币具有转移迅速、安全和节约费用等优点,虽与存款货币并无本质区别,但却是现代商品经济高度发达和银行结算技术不断进步的产物,也反映了支付手段的发展方向。

4. 常见原始凭证的认知与填制

  原始凭证是企业在经济业务发生时取得或填制,载明经济业务具体内容和完成情况的书面证明。它是进行会计核算的原始资料和主要依据。会计人员在进行日常业务核算时,每天都会接触到大量的原始凭证。例如,办理银行结算业务的支票、汇票等;办理企业报销业务的费用报销单等。因此,对常见原始凭证的认知与填制是每名会计人员所必须掌握的会计基本职能之一。

5. 会计资料的整理、归档与保管

  会计资料的整理是装订的前提和基础。会计资料的整理工作,主要是对原始凭证进行排序、粘贴和折叠。由于原始凭证种类繁多、大小不一,为了使装订工作顺利进行,以及使装订后的凭证整齐、美观,必须做好凭证的整理工作。

  会计资料整理装订后,应予以归档,并由专人负责保管。会计档案的保管必须根据《会计档案管理办法》的统一规定在保存年限内妥善保管,不得丢失和任意销毁。

6. 会计人员的沟通技能

  随着时代的发展,社会已进入知识经济时代。知识经济时代是以人为本的时代,要求会计人员要具备综合能力。会计人员的能力是指能运用所掌握的知识和技能完成会计工作的本领。良好的沟通能力是处理好人际关系的关键。具有良好的沟通能力可以使会计人员在处理各项事务时很好地表达自己的工作意图,获取别人的理解和支持,从而提高会计工作的成效。

三、学习会计基本技能的重要性

1. 为经济决策提供资料

会计工作是一项重要的经济管理工作,它通过收集、处理、利用和提供会计信息,对经济活动进行核算和监督,为信息使用者提供进行经济决策的相关性信息资料。会计人员是会计工作的主要承担者,会计人员不但要具备处理会计事务的专业知识,还应掌握规范的数字书写、娴熟的计算技术、准确无误的点钞与验钞本领、正确的原始凭证填制方法以及熟练的会计档案整理、归档、保管技能,从而更好地为信息使用者提供优质服务。

2. 保障经济信息的正确性

会计基本技能的提高,对全面、系统、规范地落实会计基础工作规范和会计制度发挥着重要作用。会计基本技能是做好会计核算和监督工作的基本要求,是正确、及时提供各种经济信息的保障。在繁重的经济数据计算中,准确、快速地完成各种经济数据的计算,才能充分发挥会计基本技能的基础作用,保障相关信息的正确性。

3. 保护国家货币安全

在市场经济活动运行中,货币的流通和企业的生产经营活动息息相关,如何快速地清点货币,并能正确地识别假币已成为会计人员日常工作中不可缺少的一件事情。因此,作为企业财务部门及金融机构的业务工作人员,应加强培养自身职业道德修养和点钞与验钞的技能,增强识别真假人民币的鉴别能力,保护国家货币和消费者的利益,维护金融秩序,促进国民经济的健康发展。

4. 提高职业技能,参与企业管理

作为一名会计工作者,必须不断地提高职业技能,这既是会计人员的义务,也是在执业活动中做到客观公正、坚持准则的基础,更是参与企业管理的前提。首先,要求会计人员要有扎实的基本功,掌握会计基本理论、基本方法和基本技能。其次,要求会计人员充分利用掌握的大量会计信息,运用各种管理分析方法,对企业的经济管理进行分析、预测,找出经营管理中的问题,提出改进措施,真正起到当家理财的作用,成为领导的参谋助手。

知识链接 1-1
会计人员职业道德规范

会计职业道德 1-1

"道"之不存,"德"将焉附

会计工作是一项专业性和技术性很强的工作,会计人员必须具备一定的会计专业知识和技能,才能胜任会计工作。"道"之不存,"德"将焉附。会计之道,就是会计的职业技能和技术,没有娴熟的会计之道,会计之德也就失去了依托。有了高超的职业技能,更要"德"来滋润。没有良好的德行滋润,技能越高,其破坏力越大,最终将毁掉会计职业。因此,遵守会计职业道德客观上需要会计不断提高会计职业技能。只有通过不间断地学习、研究、充实和提高自己的专业技术和能力,做到"活到老,学到老",用科学的会计理论、高超的会计操作技术武装自己,才能适应会计发展的需要,成为一名业务精、技术硬的会计人员。

本章小结

本章主要学习:会计的含义、特征;会计的基本职能;会计核算工作流程;会计基本技能的含义及内容;会计基本技能的重要性。

本章重要概念

会计 会计基本职能 会计特征 会计基本技能

思考与练习

1. 会计基本技能包括哪些内容?
2. 简述会计核算工作流程。
3. 简述学好会计基本技能的重要性。

第二章　会计的书写技能

- ➢ 内容提要
- ➢ 重点难点
- ➢ 学习目标
- ➢ 知识框架
- ➢ 思政育人
- ➢ 第一节　数字的书写技能
- ➢ 第二节　文字的书写技能
- ➢ 第三节　电子书写技能
- ➢ 本章小结
- ➢ 本章重要概念
- ➢ 思考与练习

内容提要

本章主要讲解会计数字书写的基本要求；阿拉伯数字的标准写法；阿拉伯数字书写错误的更正方法；中文大写金额数字的书写要求；中文大写日期的书写要求；记账凭证摘要的写法；数字、文字的电子书写技能。

重点难点

本章重点是阿拉伯数字的标准写法、中文大写金额数字的书写要求和中文大写日期的书写要求；难点是会计的书写技能的实践应用。

学习目标

通过本章学习，学生应了解数字、文字书写在会计工作中的作用，记账凭证摘要的写法，书写错误的更正方法，以及电子书写技能；掌握阿拉伯数字的标准写法、中文大写数字的标准写法，并进一步掌握小写金额、小写日期、大写金额、大写日期的书写要求，做到书写正确、规范、清晰、整洁和美观。

知识框架

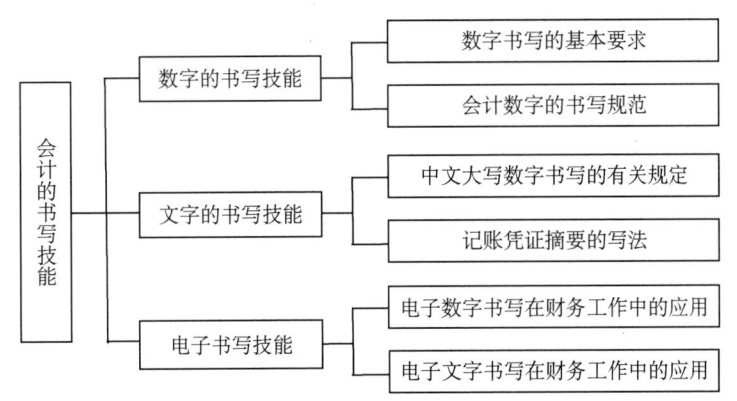

微课视频 2-1 第二章会计的书写技能学习导引

思政育人 　　会计数字书写规范的重要性

华夏有限责任公司销售给友泰有限责任公司一批商品,共计 11 200 元,2023 年 10 月 20 日,友泰有限责任公司交付给华夏有限责任公司中国工商银行转账支票一张,此支票在交付时只记载了小写金额 11 200 元,收款人名称以及大写金额等均未记载。同年 10 月 23 日,华夏有限责任公司在未补记收款人以及大写金额的情况下,将支票交付给他人。后来,此支票几经转手,在填写了大写金额"柒万柒仟贰佰元整"且小写金额被改为 77 200 元后,于 2023 年 12 月 27 日由朱先生持有;朱先生将支票交于中国银行某支行,该支行自友泰有限责任公司账户上划款 77 200 元至朱先生的账户。友泰有限责任公司将该支行及华夏有限责任公司告上当地人民法院,要求他们承担连带责任,返还不当得利款 66 000 元以及利息 608 元。

法院审理后认为,当事人对自己的主张,有责任提供证据。从查明的事实来看,华夏有限责任公司并未变造小写金额,中国银行某支行系正常办理结算业务,亦无过错。故友泰有限责任公司诉请的理由不能成立,对其诉请,应予驳回。

从此案例中我们应该得到什么样的启示呢?

【思政寄语】

弘扬诚信文化,健全诚信建设长效机制。同时,会计人员也要熟悉准则、遵循准则、坚持准则,努力钻研业务,不断提高技能,练就扎实的基本功。

第一节　数字的书写技能

一、数字书写的基本要求

会计工作离不开书写。数字的书写是财经工作者的一项基本功,对会计人员来说尤为重要。财经工作常用的数字有两种:一种是阿拉伯数字,一种是中文大写数字。用阿拉伯数字表示的金额数字简称为"**小写金额**",通常用于各种原始凭证、记账凭证、账簿和报表;用中文大写数字表示的金额数字简称为"**大写金额**",主要用于填写收款收据、支票、存取款单等重要原始凭证。

阿拉伯数字与中文大写数字有不同的规范化要求,其基本要求都是正确、规范、清晰、整洁、美观。

1. 正确

正确是指对所发生经济业务的记录,一定要正确反映其内容,所用文字与数字一定要书写正确。

2. 规范

规范是指对有关经济活动的记录一定要符合会计法规的各项规定,符合对财会人员的要求。无论是记账、算账、还是编制报表,都要严格按书写格式书写。

3. 清晰

清晰是指账目条理清晰,书写时字迹清楚,无模糊不清及涂改的现象。

4. 整洁

整洁是指账面整洁,横排、竖排整齐分明,书写工整、不潦草,无大小不均、参差不齐等现象。

5. 美观

美观是指结构安排合理,字迹流畅,字体大方。

二、会计数字的书写规范

阿拉伯数字,也称为"公用数字",原为印度人创造,8世纪传入阿拉伯,后又从阿拉伯传入欧洲。它具有笔画简单、结构巧妙和书写方便等特点,因此很快传遍世界各地。阿拉伯数字是世界各国通用的数字。

(一)标准写法示范

阿拉伯数字的写法,过去只有印刷体是统一字型的,手写体是根据人们的习惯和爱好去写的,没有统一的标准字体。近年来随着经济发展,金融、商业等部门逐步采用一种适合商业、金融记数和计算工作需要的阿拉伯数字手写体,其标准书写字体如图2-1所示。

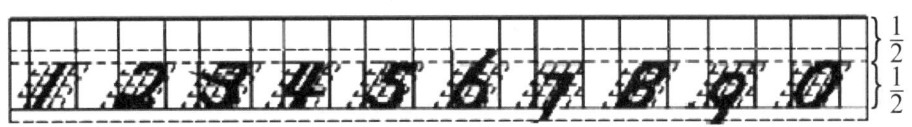

图2-1 阿拉伯数字标准书写字体

(二)书写要求

会计工作离不开阿拉伯数字,数字要写标准字体,在有金额分位格的账表凭证上,阿拉伯数字的书写,结合记账规则的需要,具体书写要求如下。

1. 书写顺序

书写数字应由高位到低位,从左到右,一个一个地认真书写,各自独立,不可潦草,不可模棱两可,<u>不得连笔写</u>,以免分辨不清。

2. 向左倾斜

书写阿拉伯数字应使用斜体,自右上方向左下方倾斜地写,数字与底线的夹角一般为<u>60度左右</u>。

3. 预留空格

书写数字应自上而下,先左后右,紧贴底线,不要悬空,上不可顶格。数字高度约占账表金额分位格的<u>1/2</u>,这样既美观又便于改错。

4. 大小一致

除"6""7"和"9"以外,其他数字大小、高低要一致。

(1)"6"的上端应比其他数字高出 1/4。

(2)写"7"和"9"时,上端比其他数字低 1/4,过底线的部分要占整个数字大小的 1/4,其他数字都要靠在底线上书写,不要悬空。

(3)"0"要写成椭圆形,其高度、宽度和斜度与一般数字相同。

(4)"1"的下端应紧靠分位格的左下角。

(5)"4"的顶部不封口,写"⁄"时应上抵中线,下至下半格的 1/4 处,并注意中竖是最关键的一笔,斜度应为 60 度,否则"4"就写成正体了。

(6)写"8"时,上边要稍小,下边应稍大,注意起笔应写成斜"S"形。

(7)除"4""5"以外的数字,均应一笔写成,不能人为地增加数字的笔画。

总之,阿拉伯数字的宽窄与长短比例要匀称,力求美观、大方。

? 技巧提示 2-1

阿拉伯数字的书写技巧及写数歌诀

对于易混淆且笔顺相近的数字,在书写时,尽可能地按标准字体书写,区分笔顺,避免混同,以防涂改。例如:"1"不可写得过短,要保持倾斜度,将格子占满,这样可防止改写为"4""6""7""9";书写"6"时要顶满格子,上端比其他数字高出 1/4,下圆要明显,以防止改写为"8";"7""9"的落笔延伸到底线下面部分占整个数字大小的 1/4;"6""8""9""0"的圆必须封口。阿拉伯数字书写练习时,可使用日字格书写(用田字格本书写数字时只占左边格),手写体阿拉伯数字书写示范(见图 2-2)。写数歌诀如下:

微课视频 2-2
会计数字的书写规范

"1"字落笔左下角;"2"字压线两边分;
"3"字上下一样大;"4"字斜线均斜行;
"5、7"两横均平写;"6"字略大看得清;
"8"字斜放宜自然;"9、0"高低要分明;
"7、9"还得出格外;书写清楚又匀称。

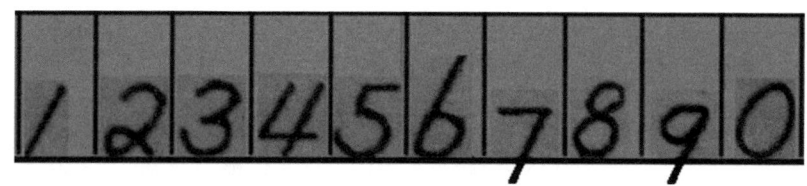

图 2-2 阿拉伯数字书写示范(手写体)

【例 2-1】 2023 年 12 月 1 日,华夏有限责任公司收取友泰有限责任公司交来的出借包装物押金 800 元,出纳王小红收讫现金,并填制收款收据(见图 2-3)。

收款收据 NO.10275602
2023年12月01日

今 收 到友泰有限责任公司
交 来：包装物押金
现金收讫
金额（大写） 零佰 零拾 零万 零仟 捌佰 零拾 零元 零角 零分
¥800.00 ☑现金 □支票 □信用卡 □其他
收款单位（盖章）
核准 李明丽   出纳 王小红
第三联交财务

图 2-3 收款收据填写示范

图示分析：

（1）在填制会计凭证时，阿拉伯金额数字前应当书写货币币种符号或者货币名称简写和币种符号。币种符号与阿拉伯金额数字之间不得留有空白。凡阿拉伯金额数字前写有币种符号的，数字后面不再写货币单位。

（2）所有以元为单位的阿拉伯数字，除表示单价等情况外，一律在元位小数点后填写到分位，无角分的，角、分位可写"00"或符号"—"，有角无分的，分位应写"0"，不得用符号"—"代替。

（3）小写金额数字书写可采用"三位分节制"记数法。"三位分节制"记数法是国际上通用的一种记数方法，即对于整数位在四位或四位以上的数，从个位起，向左每三位数字作为一节，用分节点","或通过四分之一空格分开，最前面不足三位的可单独成一个分节。

【例 2-2】 2023 年 12 月 1 日，华夏有限责任公司办公室张瑶报销购买办公用品费用 2 000 元，出纳王小红审核报销单后，以现金付讫（见图 2-4）。

图 2-4 审核费用报销单并办理付款

（三）阿拉伯数字书写错误的更正

在登记账簿等会计工作中，如果阿拉伯数字书写错误，切忌刮擦、挖补或使用涂改液，应当采用**划线更正法**，即更正时在错误的数字上划一条红线，表示注销，在红线的上方填写正确的数字，并由记账人员及会计机构负责人（会计主管人员）在更正处盖章，以明确责任。划线更正法的示范如图 2-5 所示。

错误更正方法

十	万	千	百	十	元	角	分
						3	4
		5	2	0	0	~~4~~	~~3~~
	6	8	0	0	0	0	0
	~~6~~	~~3~~					
	~~4~~	~~5~~	4	5	0	0	0

正确更正方法

十	万	千	百	十	元	角	分
		5	2	0	0	3	4
		~~5~~	~~2~~	~~0~~	~~0~~	~~4~~	~~3~~
	6	8	0	0	0	0	0
	~~6~~	~~3~~	~~0~~	~~0~~	~~0~~	~~0~~	~~0~~
			4	5	0	0	0
	~~4~~	~~5~~	~~0~~	~~0~~	~~0~~	~~0~~	~~0~~

图 2-5　划线更正法示范

应注意，更正时不得只划销错误数字，应将全部数字划销，并保持原有数字清晰可辨，以便审查。

【例 2-3】 2023 年 12 月 31 日，华夏有限责任公司财务部在对银行存款日记账进行对账时，发现 12 月 22 日业务金额登记错误，22 号记账凭证上反映银行存款有贷方发生额 2 000 元，登账时误记为 200 元，在用划线更正法进行更正后，对银行存款日记账进行了月末结账（见图 2-6）。

银行存款日记账

第 16 页

开户行：中国银行北京海淀支行

账 号：4563510100888122489

2023年 月	日	凭证 种类	号数	摘要	借方	贷方	余额	核对
12	01			期初余额			13050000	□
12	01	记	01	付审计费		500000	12550000	□
12	12	记	10	提现备发工资，现支－7155#		6900000	5650000	□
12	12	记	15	收顺昌公司货款	1500000		7150000	□
12	20	记	20	付李成明空调维修费		98500	7051500	□
12	22	记	22	王涛借差旅费		200000 ~~20000~~	6851500 ~~7031500~~	□
12	31			本月合计	1500000	7698500	6851500	□
								□
								□
								□

图 2-6　登记会计账簿示范

第二节 文字的书写技能

一、中文大写数字书写的有关规定

会计上的文字书写是指汉字书写,会计人员每天都离不开书写,不仅要书写数字,而且要书写文字,两者是相辅相成的。书写数字离不开文字的表述,文字也离不开数字的说明,只有文字、数字并用,才能正确反映经济业务。

中文大写数字笔画多,不易涂改,主要用于填写需要防止涂改的销货发票、银行结算凭证等原始凭证,书写时要准确、清晰、工整、美观,如果写错,要标明凭证作废,需要重新填制凭证。

(一)中文大写金额数字的书写要求

1. 用正楷字体或行书字体书写

为了易于辨认、防止涂改,中文大写金额数字应一律用正楷或者行书字体书写,如壹、贰、叁、肆、伍、陆、柒、捌、玖、零、拾、佰、仟、万、亿、圆(元)、角、分、整(正)等字样。不得用中文小写一、二、三、四、五、六、七、八、九、十或廿、两、毛、另(或0)、园等字样代替,不得任意自造简化字。

2. 大写金额前加写"人民币"字样

中文大写金额前应加写"人民币"字样,有固定格式的重要凭证,大写金额栏一般都印有"人民币"字样,书写时,金额数字应紧接在"人民币"后面,在"人民币"与大写金额数字之间不得留有空位;大写金额栏没有印"人民币"字样的,应在大写金额数字前填写"人民币"三字。

3. 正确运用"整"字

中文大写金额到"元"为止的,应当写"整"或"正"字,如¥480.00应写成"人民币肆佰捌拾元整"。中文大写金额到"角"为止的,可以在"角"之后写"整"或"正"字,也可以不写,如¥197.30应写成"人民币壹佰玖拾柒元叁角整"或者"人民币壹佰玖拾柒元叁角"。中文大写金额到"分"位的,不写"整"或"正"字,如¥94 862.57应写成"人民币玖万肆仟捌佰陆拾贰元伍角柒分"。

4. 有关"零"的写法

当小写金额数字中有"0"时,大写金额应怎样书写,要看"0"所在的位置。

(1) 阿拉伯数字中间有一个"0"或连续有几个"0"时,中文大写金额中间可以只写一个"零"字,如¥6 007.14,应写成"人民币陆仟零柒元壹角肆分"。

(2) 阿拉伯金额数字万位或元位是"0",或者数字中间连续有几个"0",万位、元位也是"0",但千位、角位不是"0"时,中文大写金额中可以只写一个"零"字,也可以不写"零"字,如

¥3 480.40 应写成"人民币叁仟肆佰捌拾元零肆角整"或者"人民币叁仟肆佰捌拾元肆角整"。

5. 数位前必须有数量字

大写金额"拾""佰""仟""万"等数位前必须冠有数量字"壹""贰""叁"……"玖"等，不可省略。特别是壹拾几的"壹"字，由于人们习惯把"壹拾几""壹拾几万"说成"拾几""拾几万"，所以在书写大写金额数字时很容易将"壹"字漏掉，如¥120 000.00 应写成"人民币壹拾贰万元整"，而不能写成"人民币拾贰万元整"。

（二）中文大写日期的书写要求

在会计工作中，经常要填写支票、汇票和本票，票据的出票日期必须使用中文大写。为防止变造票据的出票日期，在填写月、日时，月为壹、贰和壹拾的，日为壹至玖和壹拾、贰拾、叁拾的，应在其前加"零"；日为拾壹至拾玖的，应在其前面加"壹"，如："2 月 15 日"应写成"零贰月壹拾伍日"。票据出票日期使用小写填写的，银行不予受理。大写日期未按要求规范填写的，银行可予受理，但由此造成损失的，由出票人自行承担。

票据和结算凭证上金额、出票或者签发日期、收款人名称不得更改，更改的票据无效，更改的结算凭证，银行不予受理。票据和结算凭证金额以中文大写和阿拉伯数码同时记载的，两者必须一致，否则票据无效，结算凭证银行不予受理。

票据和结算凭证上一旦写错或漏写了数字，必须重新填写单据，不能在原单据上改写数字，以保证所提供数字真实、准确、及时、完整。

【例 2-4】 2023 年 12 月 12 日，华夏有限责任公司从银行提取 69 000 元备用金，由出纳王小红填写现金支票（见图 2-7）。

图 2-7 现金支票填写示范

会计职业道德 2-1

加强专业学习，提高工作技能

承本章引例——会计数字书写规范的重要性，友泰有限责任公司将中国银行某支行及华夏有限责任公司告上当地人民法院,要求他们承担连带责任,返还不当得利款 66 000 元以及利息 608 元。中国银行某支行辩称,其作为收款人是基于金融机构的业务结算行为,朱先生将转账支票交于该支行,结算后已如数存入朱先生开立的账户,该支行不存在不当得利的问题;朱先生提交的支票大小写金额齐全,银行应当为其办理,不存在过错。法院审理后认为,当事人对自己的主张,有责任提供证据。从查明的事实来看,华夏有限责任公司并未变造小写金额,银行系正常办理结算业务,亦无过错。故友泰有限责任公司诉请的理由不能成立,对其诉请,应予驳回。

我国《支付结算办法》第十三条规定,票据和结算凭证金额以中文大写和阿拉伯数码同时记载,两者必须一致,两者不一致的票据无效。第一百一十八条规定,签发支票必须记载下列事项:①标明"支票"的字样;②无条件支付的委托;③确定的金额;④付款人名称;⑤出票日期;⑥出票人签章。欠缺记载上列事项之一的支票无效。友泰有限责任公司签发的支票只记载了小写金额,而收款人名称以及大写金额、出票日期等均未记载,违反了《支付结算办法》《中华人民共和国票据法》等相关法律、法规规定,从而给自己造成了损失。

从此案例中我们应该得到启示:会计人员应加强专业学习,提高工作技能。

二、记账凭证摘要的写法

记账凭证是指会计人员根据审核无误的原始凭证按照经济业务事项的内容加以归类,并确定会计分录,作为登账依据的会计凭证。

记账凭证摘要的填写质量,能反映会计基础工作的质量和会计人员的业务素质,直接影响会计账簿的质量,进而影响会计查询、统计汇总工作。

记账凭证摘要的总体填写要求是**简明扼要、突出中心、详略得当、说明问题**。

(一)提高摘要质量应考虑的因素

1. **摘要的字数应以一行为限,不能过于简单,要"简"而"明"**

如李勇借购料款 5 000 元,此笔业务的摘要为:李勇借购料款或李勇借款购料,而不能为"李勇借款",更不能为"借款"。

2. **摘要中需要反映必要的数字(时间或数量定语)**

如果是每月都要如期发生的经济业务,则应在摘要中注明时间,这样不仅能有效防止会计分录发生重复、遗漏,而且便于账务查询。

(1) 交某月水费、电费、电话费、社会保险费、住房公积金。

(2) 计提或发放某月几人工资;代扣某月社会保险费、住房公积金;缴某月××税。

(3) 收、付工程款的摘要要注明月份或季度。

(4) 购买重要资产的记账凭证摘要,要注明资产的数量。

3. **"银行存款"科目的摘要既要清楚地反映款项的进出,又要便于对账和查账**

因此,摘要须具备两个方面的内容:结算款项的对象及业务内容、结算的方式和结算凭证的号码,以便于将银行存款日记账同银行对账单核对,如开出转账(现金)支票(支票号:091105731)支付前欠中科公司货款,摘要为:转(现)支 0573#付中科货款。

微课视频2-3
会计书写技能的应用

4. 复合分录记账凭证应分别按不同经济业务填写摘要

同一张记账凭证反映不同经济业务（一借多贷、一贷多借，甚至多借多贷），则每项经济业务都应准确对应一个摘要，不能笼统使用同一个摘要。

例如，李斌借3 000元去武汉开产品展销会，回来报账时，差旅费开支1 000元、展位费开支1 500元、退回余款500元。其摘要应按每项经济业务对应的会计分录分别填写：李斌报销差旅费、李斌报销展位费、李斌退还多余借款。如使用笼统的一个摘要"李斌报销费用"，则会计账簿中的"销售费用"明细账户对应"李斌报销费用"的摘要，这会给以后的对账、查账等一系列会计工作带来不便。

延伸阅读 2-1

记账凭证摘要所使用的"两种句型"

记账凭证的摘要首先应是符合语法规范的一句话，因而存在句型问题。从语法上讲，记账凭证摘要应是"主语＋谓语＋宾语"句型或者"谓语＋宾语"句型。

1. "主语＋谓语＋宾语"句型的摘要，适用于由个人或个人代表单位完成的经济业务

常见摘要形式如下：

(1) 某某报××费用，如李斌报展览费。

(2) 某某领××费用，如李明成领困难补助。

(3) 某某借款做什么，如李斌借款出差。

2. "谓语＋宾语"句型的摘要，适用于由会计人员办理的业务或本单位完成的经济业务

这种业务用语言表述时可以或应省略主语。常见的摘要形式如下：

(1) 现金类：提现(做什么)，如提现备用、提现备发工资；发放某月几人工资；存款(存现金)；从××银行取得借款；还××银行借款。

(2) 支付类：支付(预付)××款项，开出商业汇票还款或购料；缴某月增值税、企业所得税、税费附加等；交某月社会保险、医疗保险、住房公积金；支付××费用、股利或利润；归还××公司××款；向某组织捐款。

(3) 收款类，如收××公司××款、收到××公司商业汇票。

(4) 计提类：计提折旧、计提社会保险费、住房公积金；计提消费税、企业所得税、税费附加等；计提(冲销、调整)坏账准备，计提××减值(跌价)准备；计提法定(任意)盈余公积。

(5) 摊销类：如摊销无形资产、摊销长期待摊费用。

(6) 汇总类：如某月××车间领料汇总、某月向××公司销售汇总。

(7) 结转类：分配结转制造费用(辅助生产费用)；结转完工产品成本(已销商品成本)；结转某月期间损益。

(8) 盈余公积(资本公积)转增资本、分配利润。

【例2-5】 2023年12月，华夏有限责任公司发生如下关于银行存款的经济业务，由出纳王小红确定每笔经济业务对应的摘要，见表2-1。

表 2-1　　　　　　　　　银行存款相关经济业务及摘要一览表

经济业务	摘要
1. 2023 年 12 月 1 日,支付给大成会计师事务所审计费 5 000 元,以银行存款付讫	付审计费
2. 2023 年 12 月 12 日,出纳王小红填写现金支票(支票号:23097155),从银行提取备用金 69 000 元,备发工资	提现备发工资,现支—7155♯
3. 2023 年 12 月 12 日,收到顺昌公司前欠货款 15 000 元,存入银行	收顺昌公司货款
4. 2023 年 12 月 20 日,发生空调维修费用 985 元,以存款支付给空调修理工李成明	付李成明空调维修费
5. 2023 年 12 月 22 日,办公室人员王涛因出差借款 2 000 元,以银行存款付讫	王涛借差旅费

(二)更正错账摘要的填写要求

根据《会计基础工作规范》的要求,对记账后的记账凭证,发现科目有错误,用红字冲销原错误凭证的摘要为"注销某月某日某号凭证"。对只有金额存在错误的会计凭证,在编制调整数字差额的凭证时摘要为"调整某月某日某号凭证"。如果所修改的是往年的错误凭证,在"某月某日"前须加上"某年"字样。值得注意的是:在注销或调整某张错误凭证的同时,应在被修改记账凭证的摘要下面手工注明"该凭证在某月某日某号凭证已更正"的标记,表明该凭证已被更正完毕。

总之,记账凭证摘要的填写虽不像会计科目那样有严格、规范的标准,但作为会计人员,应努力提高自己对会计业务事项的表达和概括能力,力求使记账凭证的摘要标准化、规范化。

? 相关案例 2-1

编制会计凭证

假设你是华夏有限责任公司的会计人员,请审核下列记账凭证的编制是否符合数字、文字的书写规范(见图 2-8 至图 2-12)。

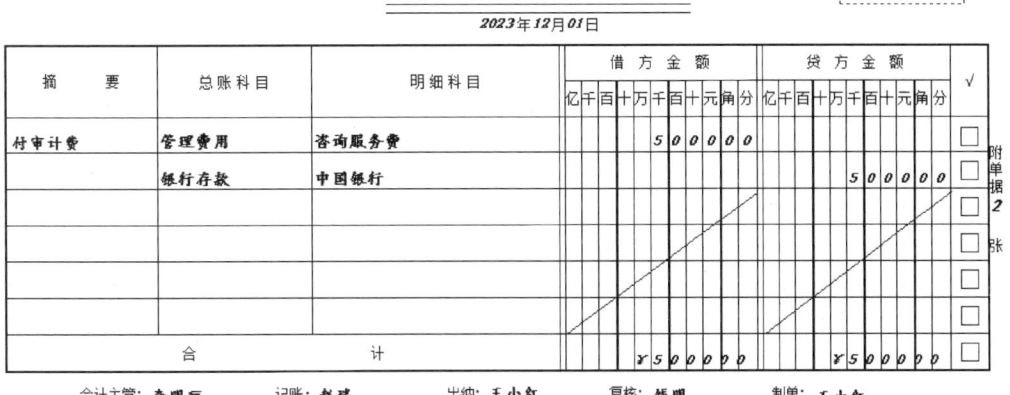

图 2-8　记账凭证 01 号

记 账 凭 证

2023年12月12日

记字第 10 号

摘要	总账科目	明细科目	借方金额 亿千百十万千百十元角分	贷方金额 亿千百十万千百十元角分	√
提现备发工资，现支-7155#	库存现金		6 9 0 0 0 0 0		□
	银行存款	中国银行		6 9 0 0 0 0 0	□
					□
					□
合 计			¥6 9 0 0 0 0 0	¥6 9 0 0 0 0 0	□

附单据 1 张

会计主管：李明丽　　记账：赵瑞　　出纳：王小红　　复核：钱明　　制单：王小红

图 2-9　记账凭证 10 号

记 账 凭 证

2023年12月12日

记字第 15 号

摘要	总账科目	明细科目	借方金额 亿千百十万千百十元角分	贷方金额 亿千百十万千百十元角分	√
收顺昌公司货款	银行存款	中国银行	1 5 0 0 0 0 0		□
	应收账款	顺昌公司		1 5 0 0 0 0 0	□
					□
					□
合 计			¥1 5 0 0 0 0 0	¥1 5 0 0 0 0 0	□

附单据 1 张

会计主管：李明丽　　记账：赵瑞　　出纳：王小红　　复核：钱明　　制单：王小红

图 2-10　记账凭证 15 号

记 账 凭 证

2023年12月20日

记字第 20 号

摘要	总账科目	明细科目	借方金额 亿千百十万千百十元角分	贷方金额 亿千百十万千百十元角分	√
付李成明空调维修费	管理费用	维修费	9 8 5 0 0		□
	银行存款	中国银行		9 8 5 0 0	□
					□
					□
合 计			¥9 8 5 0 0	¥9 8 5 0 0	□

附单据 2 张

会计主管：李明丽　　记账：赵瑞　　出纳：王小红　　复核：钱明　　制单：王小红

图 2-11　记账凭证 20 号

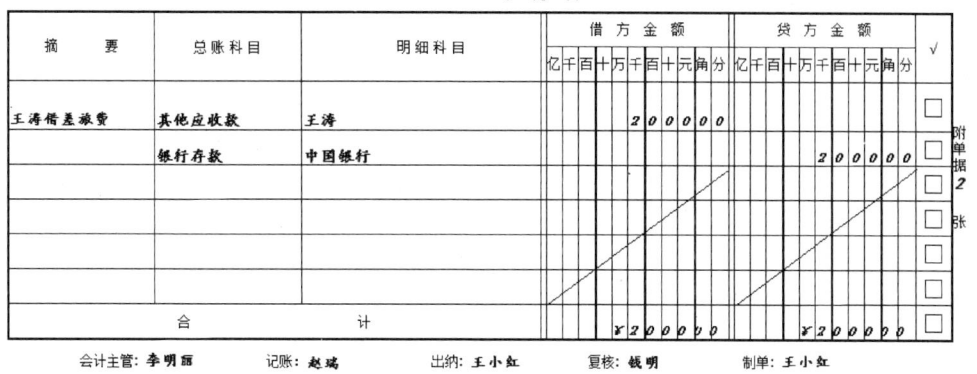

图 2-12　记账凭证 22 号

第三节　电子书写技能

随着信息化的不断发展，Word、Excel、Powerpoint 等 Office 办公软件已经成为财务工作中不可或缺的工具，同时，单位大多使用财务软件进行日常会计核算，数字、文字的电子书写技能显得尤为重要。

一、电子数字书写在财务工作中的应用

(一) 小写金额数字的电子书写

1. "￥"的书写

在用阿拉伯数字填写金额时，在金额首位之前加一个"￥"符号，既可防止在金额前添加数字，又可表明是人民币的金额。"￥"的电子书写主要有以下两种简捷方法：

(1) 按"Shift＋＄/4"组合键。将语言栏选择切换到中文状态(搜狗输入法、智能ABC 都可以)，然后按键盘"Shift＋＄/4"组合键，中文状态是"￥"，英文状态是"＄"。

(2) 使用搜狗输入法时，直接输入人民币拼音的缩写，然后选择"￥"，如图 2-13 所示。

图 2-13　"￥"的输入方法

2. 小写数字的书写

为了提高小写数字的录入速度，应结合翻打传票的练习方法，合理使用电脑的数字小键盘。

(二) 小写日期及其他数字的电子书写

1. 输入当前日期或时间

(1) 在 Word 中输入当前日期或时间。如果要输入当前的日期或时间,可以使用菜单栏中"插入"选项,选择"日期和时间"命令插入当前的日期或时间。

(2) 在 Excel 工作表输入当前日期或时间。如果要输入当前的日期或时间,可以使用快捷键进行快速输入:输入当前的日期,按"Ctrl+;"组合键;输入当前的时间,按"Ctrl+Shift+;"组合键。

2. 在 Excel 表输入文本型数据

在 Excel 工作表中输入内容,系统默认的是常规的数字类型,从非"0"位开始显示。如果要输入"001",主要有以下两种简捷方法:

(1) 先输入一个英文状态下的引号,然后输入"001",接着按下"Enter"键即可。

(2) 选中需要输入以"0"开头的单元格区域,然后按下"Ctrl+1"组合键,打开"设置单元格格式"对话框,切换到"数字"选项卡,在"分类"列表框中选择"文本"选项即可。

3. 会计科目编号的使用

单位使用财务软件进行日常会计核算,无论是录入记账凭证还是查询账户信息,均可以通过输入会计科目编号实现会计科目的录入或查找,如库存现金的编号为"1001"、银行存款的编号为"1002"。

二、电子文字书写在财务工作中的应用

财务人员需要经常输入大写的金额数字或大写日期,利用中文输入法或 Office 办公软件的功能,可以快捷地实现大写数字的电子书写。

1. 运用中文输入法输入大写数字

(1) 在中文输入法状态下书写大写金额数字。例如,在搜狗输入法中文状态下输入字母"V",然后用数字小键盘输入需要大写的数字,如输入"123",再输入字母"b",即写成"壹佰贰拾叁"。

(2) 在中文输入法状态下书写大写日期数字。例如,在搜狗输入法中文状态下输入字母"V",然后用数字小键盘输入需要大写的数字,如输入"2024",再输入字母"d",即写成"贰零贰肆"。

2. 在 Word 中输入大写金额数字

如果要输入大写金额数字,可以使用菜单栏中"插入"选项,选择"数字"命令(见图2-14)。例如,输入小写数字"123456",选中小写数字后,从"插入"菜单中选择"数字"命令,接着会出现如图 2-15 所示的对话框,选择"壹、贰、叁……"项或"壹元整、贰元整、叁元整……"项,点击"确定"即可,或者也可以直接在"数字"对话框中输入数字。

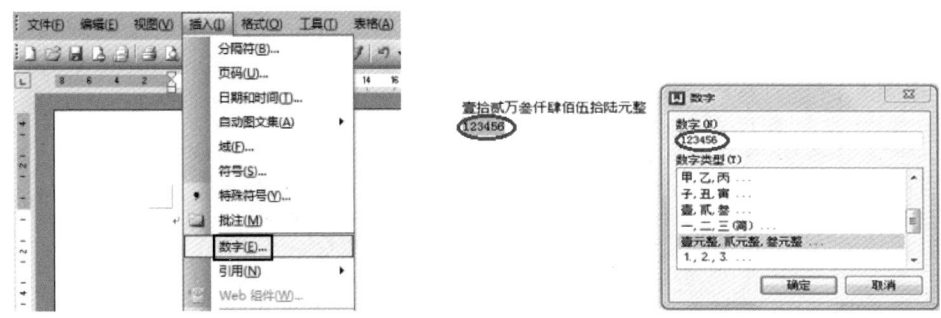

图 2-14 "数字"命令　　　　图 2-15 "数字"对话框:大写整数金额数字的输入

3. 在 Excel 工作表输入大写金额数字

选中需要输入大写金额的单元格区域,然后按下"Ctrl＋1"组合键,打开"设置单元格格式"对话框,切换到"特殊"选项卡,在"类型"列表框中选择"中文大写数字"选项即可(见图 2-16)。

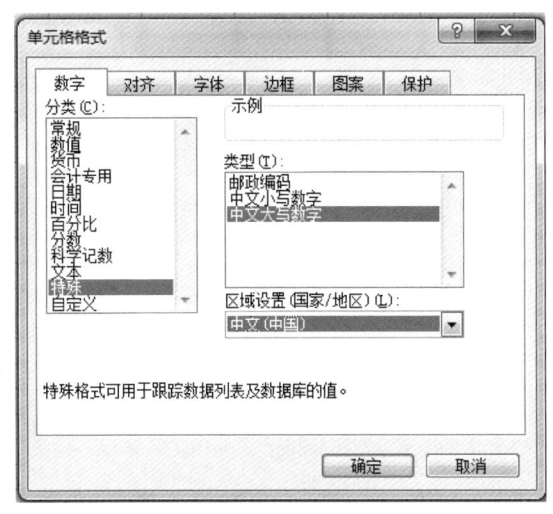

图 2-16 "中文大写数字"选项

本 章 小 结

本章主要学习:数字书写的基本要求、阿拉伯数字的标准写法和书写要求、阿拉伯数字书写错误的更正方法;中文大写金额数字的书写要求、中文大写日期的书写要求;记账凭证摘要所使用的两种句型、提高摘要质量应考虑的因素、更正错账摘要的填写要求;数字、文字的电子书写技能。

本章重要概念

"三位分节制"记数法　划线更正法　记账凭证

思考与练习

1. 书写小写金额数字的要领和要求是什么?
2. 书写大写金额数字的要领和要求是什么?
3. 记账凭证摘要填写的总体要求有哪些?

第三章　电子计算工具的应用技能

- 内容提要
- 重点难点
- 学习目标
- 知识框架
- 思政育人
- 第一节　电子计算器的应用
- 第二节　翻打传票技能
- 第三节　电子收款机的应用
- 第四节　Excel 计算功能的应用
- 本章小结
- 本章重要概念
- 思考与练习

内容提要

本章主要讲解电子计算器的分类、结构和操作；翻打传票的基本要求和计算方法；电子收款机的分类、结构、外部设备和基本的操作方法；Excel 的工作界面和功能；Excel 中的公式及函数的应用。

重点难点

本章重点和难点都是翻打传票的技能，Excel 计算功能的应用。

学习目标

通过本章学习，学生应了解电子计算器的分类和结构，电子收款机的分类、结构、外部设备和基本操作技能；掌握使用计算器和翻打传票技能，并能灵活使用 Excel 计算功能。

知识框架

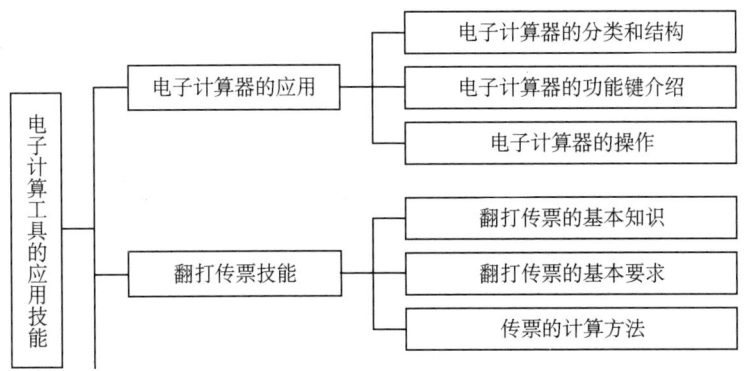

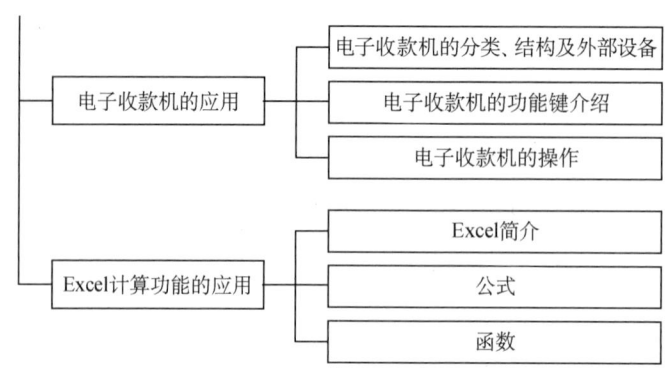

思政育人　　信息技术的现状与未来发展

信息技术(IT)是指一切与信息处理和传输相关的技术。它已经改变了我们的生活方式,推动了社会经济的发展。信息技术涵盖了多个领域,包括计算机科学、网络工程、人工智能和大数据等。近年来,随着技术的不断进步,信息技术在各个行业中的应用越来越广泛,同时也面临着一些挑战和问题。

一、信息技术的现状

1. 互联网的普及和快速发展

互联网已经成为人们获取信息、交流沟通和购物消费等的重要渠道,极大地改变了人们的生活方式和工作方式。以电商为例,亚马逊、淘宝等电商平台通过运用先进的信息技术,提供了便捷、丰富的购物体验,使得线上购物成为越来越多人的首选。此外,在线教育平台(如 Zoom、腾讯课堂等)也利用信息技术,实现了远程教育的可能性,让教育资源得以更广泛地分享。

2. 大数据的应用和发展

大数据技术已经广泛应用于各行各业。人们通过对海量数据的收集、分析和挖掘,可以更好地了解客户需求、预测市场趋势、优化业务流程等。以 Netflix 为例,该公司运用大数据和 AI 技术,分析用户的观影习惯,成功推出了一系列深受观众喜爱的原创剧集。此外,大数据还在医疗健康领域发挥着重要作用,如通过基因数据分析,预测疾病风险,制定个性化的治疗方案。

3. 人工智能的兴起和应用

人工智能技术已经在许多领域得到应用,如自然语言处理、机器学习和计算机视觉等,为人们提供了更加智能化的服务和工作效率。以自动驾驶为例,特斯拉、谷歌等公司研发的自动驾驶汽车,通过运用先进的人工智能技术,实现了在复杂交通环境中的自主驾驶,为未来的智能交通系统奠定了基础。此外,人工智能还在医疗、金融和制造等领域有着广泛的应用前景。

二、信息技术的未来发展

互联网将进一步发展:未来的互联网将更加普及,功能更加丰富,应用更加广泛。随着 5G、6G 等通信技术的推广和应用,互联网将具备更高的传输速度和更低的延迟,使得远程医疗、智能交通和智慧城市等成为可能。

大数据将更加深入应用:随着数据量的不断增长和数据处理技术的不断进步,大数据将在更多领域得到应用,如智能制造、智慧城市和医疗健康等。未来的大数据技术将更加注重数据安全和隐私保护,为用户提供更可靠的数据服务。

人工智能将更加智能化:未来的 AI 技术将更加智能化,能够更好地模拟人类思维和行为,具备更高的自主性和决策能力。随着深度学习、强化学习等技术的发展,人工智能将在更多领域取得突破性的进展。

信息技术将与其他技术融合发展:信息技术将与物联网、区块链和生物科技等其他技术融合发展,形成更加完整的解决方案。例如,物联网技术将与 AI 技术结合,实现智能家居的自动化控制;区块链技术将与大数据结合,保障数据的安全和可信度。

技术的进步可以为产业与社会带来深远的变革,重构我们的商业模式、经济结构、文化生活及政治格局,我们称之为"工业革命",当前,我们有幸处于第四次工业革命的浪潮中。尽管我国历史上有著名的"四大发明",但在近代并非科技强国。信息时代,部分中国企业在科技商业模式创新上成为世界的"领军者"。

资料来源:佚名.信息技术的现状与未来发展[EB/OL].(2023-11-30)[2023-12-7].公众号:湖北宜数兴.

【思政寄语】

党的二十大报告指出,我国将继续加强基础研究,突出原创,鼓励自由探索;提升科技投入效能,深化财政科技经费分配使用机制改革,激发创新活力。

第一节 电子计算器的应用

电子计算器作为一种先进和专业的计算工具,具有价格低廉、体积小、重量轻、便于携带、计算迅速准确、功能强大等特点,因此在现代生活和经济工作中都得到了非常广泛的应用。基于电子计算器及其技术的重要性与应用的广泛性,了解和掌握其分类、结构和基本操作方法是很有必要的。

一、电子计算器的分类和结构

(一)电子计算器的分类

电子计算器的规格不同,型号繁多,但按其功能分类主要可分为算术型电子计算器、科学型电子计算器和程序型电子计算器。

1. 算术型电子计算器

算术型电子计算器也叫一般型电子计算器,它可以进行加、减、乘、除等简单的四则运算,其外观如图 3-1 所示。

2. 科学型电子计算器

科学型电子计算器也叫函数型电子计算器,它不但具有一般计算器的功能,而且可以进行乘方、开方、指数函数、对数函数、三角函数、统计等方面的运算。

图 3-1 算术型电子计算器

3. 程序型电子计算器

程序型电子计算器也叫高级计算器,它除了具有科学型计算器的功能外,还具有解微分方程、积分方程、代数方程等功能。

(二) 电子计算器的结构

电子计算器通常由显示屏、功能键、内存和运算器4个主要部分构成。

1. 显示屏

显示屏一般为液晶屏,通常置于电子计算器正面的上方,用以显示功能键输入的数据、运算标记符号、运算结果以及其他一些特殊的功能(如时钟、日历)等。

2. 功能键

功能键(即按键)通常置于电子计算器正面显示屏的下方,用以输入各种计算指令、需要计算的各种数据以及其他特殊指令和数据。不同类型的电子计算器,其功能键的数量和排列位置会略有不同。

3. 内存

内存置于电子计算器的内部,用以存储计算指令和需要计算的各种数据,以及运算器送来的各种运算结果。

4. 运算器

运算器置于电子计算器的内部,是电子计算器的运算装置,是对数据信息进行加工和处理的部件。它的主要功能是在控制器的控制下,完成各种运算。根据其类型的不同,能够完成加、减、乘、除、三角函数、对数、复数、角度与弧度转换、坐标的转换以及统计运算等各种运算。

二、电子计算器的功能键介绍

电子计算器的输入及计算操作是通过按各个功能键来完成的。虽然不同的电子计算器功能键数量和排列有所不同,但主要功能键如表3-1所示。

表3-1　　　　　　　　　　　　计算器功能键

键 位	功 能
ON/AC	开机/清除键
+/−	符号变换键,按此键后改变显示数字的正负号
→	退位键
CE 或 C	清除错误键,此键可以清除刚输入的数值
1、2……9、0	数字键

(续表)

键 位	功 能
＋、－、×、÷、＝	四则运算功能键
％	百分比键
√	开平方键
.	小数点键
MU	损益运算键
M＋	记忆加法键，按此键将显示的数值加入独立存储器
M－	记忆减法键，按此键将从独立存储器减去显示的数值
MR	记忆总值键，按此键调出独立存储器中保存的数值
MC	清除记忆键，按此键清除独立存储器
GT	总和计算键，按此键调出总和存储器中保存(积累)数值，按此键两次可清除总和存储器
F 4 2 1 0 Add$_2$	小数位选择器：F 显示不舍入数值的浮点小数系统；4、2、1、0 指定小数位数；Add$_2$ 自动为全部数值加入小数点和小数点以下 2 位数
CUT UP 5/4	舍入选择器：CUT 舍去法保留小数位数；UP 进一法保留小数位数；5/4 四舍五入法保留小数位数

三、电子计算器的操作

(一) 计算器的基本指法

在使用电子计算器时，数字、符号等输入速度和准确性直接会影响到工作的效率和运算结果的正确性。因此，我们应了解电子计算器的指法，并不断练习以提高熟练程度。电子计算器使用的基本指法如表 3-2 所示。

表 3-2　　　　　　　　　　计算器的基本指法

键 位	指 法
0	由拇指负责
1、4、7	由食指负责
2、5、8、00	由中指负责
3、6、9、.	由无名指负责
＋、－、×、÷、＝	由小指负责

标准的计算器在5上应有一个突出的圆点,是计算器的核心键位。在进行盲打计算时,应以此为中心,找到基本键位"4""5""6"键,并在录入数字时手指自然向其他键位延伸。按键时应注意,手指的动作是敲击,这样既可以防止发生连击又可以提高计算速度。

(二) 基本键位练习

1. 竖排练习

147,258,369练习,即右手手指依次练习下列按键动作:

(1) 食指:1、4、7。

(2) 中指:2、5、8。

(3) 无名指:3、6、9。

2. 横排练习

123,456,789练习,即右手手指依次练习下列按键动作:

(1) 食指1键,中指2键,无名指3键。

(2) 食指4键,中指5键,无名指6键。

(3) 食指7键,中指8键,无名指9键。

3. 交叉练习

159,357练习,即右手手指依次练习下列按键动作:

(1) 食指1键,中指5键,无名指9键。

(2) 无名指3键,中指5键,食指7键。

4. 混合练习

13579,24680练习,即右手手指依次练习下列按键动作:

(1) 食指1键,无名指3键,中指5键,食指7键,无名指9键。

(2) 中指2键,食指4键,无名指6键,中指8键,拇指0键。

通过以上训练熟悉基本键位后,应进行数据输入的练习:开始时,可以先看数字,然后看键盘按正确的键位输入数字;随着熟练程度的增加,应逐步做到看数字时,不看键盘的键位而直接键入正确的数字,为下一步翻打传票做准备。

? 技巧提示 3-1

电子计算器输入错误的更正技巧

微课视频3-1
电子计算器
的操作

电子计算器在输入数字时,有时会产生输入错误,而对于错误的更正会直接影响到计算速度。因此,掌握具有更正功能按键的正确使用方法非常重要,这也是电子计算器操作中必备的技能之一。

(1)【AC】(All Clear):清除键,按该键会完全清除输入的数值,重新开始计算。例如,在计算"15×20="时,输入"15"以及"×"后,将"20"误输入为"30",这时若按【AC】键,则所有内容需要重新输入。

(2)【CE】(Clear Enter):清除错误键,按该键会清除刚输入的数值,但不影响以前的计算。同上例,在计算"15×20="时,输入"15""×"后,将"20"误输入为"30",可按【CE】键,然后只需重新输入"20",再按"="即可。

(3)【→】:退位键,当要把显示数值逐位向右移动,可按该键直到到达需要修改的位数为止。

延伸阅读3-1

计算机的数字小键盘指法

在实际工作中,经常要用到计算机的数字小键盘进行数字的录入和计算。数字小键盘位于键盘的最右端,如图3-2所示,共有17个键位,适合单手操作,其具体操作指法如下:

食指:1、4、7键。

中指:2、5、8、/键。

无名指:.、3、6、9、*键。

大拇指:0键。

小指:+、-、Enter键。

同计算器的使用方法相同,数字小键盘的基本键位也为"4""5""6"键。在数据输入前应先将手指放到基本键位上,然后根据录入需要将手指从基本键位移到相应的按键上,正确输入后再返回基本键位。由于数字小键盘各键位之间安排紧凑,经过练习比较容易实现数字盲打。

图3-2 计算机数字小键盘

第二节 翻打传票技能

一、翻打传票的基本知识

(一)翻打传票的含义

传票是指各种记有文字和数字的原始单据和凭证,因其在有关人员之间周转传递而得名。**翻打传票**,也称为传票算,是指在经济核算过程中,对传票的数据进行汇总计算的一种方法,一般采用加减运算。翻打传票是财经工作人员的一项基本功,熟练地掌握其相关的技能和方法,对实际工作具有重要的意义和作用。

(二)传票的种类和规格

1. 传票的种类

传票按装订与否,可分为订本式传票和活页式传票两种。订本式传票是在使用前就固定装订成册的传票,使用后主要表现为传票存根;活页式传票主要是在相关岗位之间流转后汇集起来,定期装订成册的传票。

2. 传票的规格

在实际工作中,传票的规格很多。但在训练和会计技能比赛中使用的传票通常为模拟传票,是仿照订本式传票制作的,而内容则简化为单纯的金额单位。以全国会计技能大赛使用的模拟传票为例,其规格长约19厘米、宽约8厘米。传票每本100页(每页页码数印在右上角),每页印有5行数字,分别有(一)(二)(三)(四)(五)的顺序号表示行数,如图3-3所示。

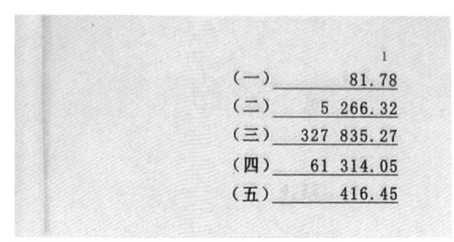

图 3-3 传票内页样式

(三)翻打传票的题型

通常,在会计技能大赛中翻打传票的算题,如表3-3所示。

表 3-3　　　　　　　　翻打传票算题

题序	起止页数	行数	答案
一	11～30	(三)	
二	44～63	(五)	
三	37～56	(二)	
四	21～40	(一)	
五	30～49	(四)	
…	…	…	…

在表3-3中,"题序"表示计算的顺序,"一"表示第一道题,"二"表示第二道题,以此类推。在计算中不允许出现跳题。"起止页数"中前面的数字表示从哪页开始计算,后面的数字表示本题运算到哪一页为止,一般20页组成一题。"行次"表示计算页面中的第几行。"答案"填写题目最后的答案。例如,表3-3中的"一,11～30,(三)"表示,第一道题为从第11页到30页,计算所有这20页上第三行数字的总和,并将算出的结果写在"答案"栏。

二、翻打传票的基本要求

左手翻传票与右手在计算工具上按键计算结合起来就是翻打传票。翻打传票的计算工具可以是计算器,也可以是计算机上的小键盘。翻打传票时应保持身体自然平衡,小臂轻放在桌面上,自然放松;进行计算时,应注意左右手协调配合,以提高计算速度。

(一)桌面的摆放

翻打传票时,桌面的摆放应以方便看数、记数和有利于翻页为宜。当采用计算器作为计算工具时,传票本应放在左手边,计算器放在右手边,答题纸放在中间偏下方的位置,如图3-4所示;当采用小键盘作为计算工具时,传票本应放在键盘的下方,其他与以计算器作为计算工具时的摆放位置基本相同。

为了节约答案书写时间,提高运算速度,在进行计算时可握笔运算。

(二) 传票的整理

为了保证计算准确、提高运算速度,在翻打传票之前应对传票本进行整理,具体步骤如下:

(1) 传票的检查:认真检查传票本是否有漏页、缺页、破页、重页、空白、错写或数字不清晰等现象。

(2) 传票的墩齐(见图3-5):检查完毕后,双手将传票侧立在桌面上,将传票墩齐。

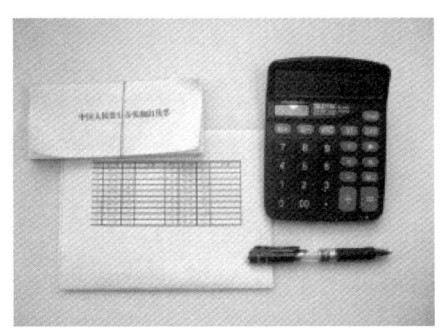

图3-4 桌面的摆放

图3-5 传票的墩齐

(3) 传票的开扇(见图3-6):用左手固定传票左侧,右手延传票边缘轻折二至三次,使传票扇面呈20°至25°角。

(4) 传票的固定(见图3-7):用夹子将传票左上角固定,以防止翻打传票时散乱。

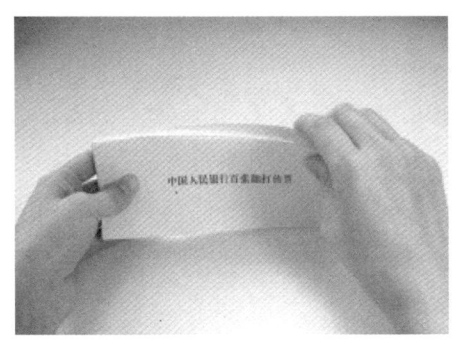

图3-6 传票的开扇

图3-7 传票的固定

(三) 传票的找页

翻打传票不是按照传票的自然页数运算,而是每一题都有起止页数,每计算完一题都需要找页。因此,找页也是传票计算的基本功之一。找页的关键是练手感,要能够根据纸页的厚度,迅速翻至要找的页码。

为节省时间,当计算完一题,右手在抄写答数的同时,左手就要借助眼睛的余光迅速进行下题起始页的找页。由于一边集中注意力抄写答数,一边找页是很困难的,但起码要做到快速确定下一题是顺向找页还是逆向找页,左手要做出顺翻或逆翻的动作。找页动作的快慢,会直接影响翻打传票的速度。

经过一段时间的反复练习之后,要做到凭手感一次能准确摸翻10页、20页、30页、40页……90页,在此基础上再熟练找到传票题的起始页。练习时,可以任意选一个页码,凭手感翻到其整数页,然后根据整数页再调整页数找到其起始页。例如52页,凭手感找50页的厚度,再向后加翻2页。一般应做到翻2~3次传票就能找到所要找的页码,如果能根据手感一次就能找到每题传票的起始页则效果最佳。

(四)传票的翻页

传票的翻页是由左手完成的,其操作方法如下:

图3-8 传票的翻打

(1)用左手的小指、无名指、中指自然弯曲放在传票本的封面页的中部或中部稍左。

(2)用左手拇指翻页,每当拇指翻起一页传票后,食指很快放进刚翻起的传票下面,将这页传票挡住。

(3)左手翻页和右手录入计算要同时进行,如图3-8所示,左手每翻动一页,右手迅速将数字输入。注意翻动传票时,翻页的幅度不宜过大,以能看清金额数字为宜。

(五)传票的记页

在翻打传票时,为了避免计算过页或计算不够页,应采取记页(数页)的方法。记页,就是在运算中记住终止页,当估计快要运算完毕时,用眼睛余光扫视传票的页码,以防过页。数页就是边运算边默念已打过的页数。一般情况下,打第一页时默记1,打第二页时默记2,以此类推默记到20,再核对该题的起止页码,如正确无误,写上答案。

记页在边翻页边运算中较难记住,所以平时要加强训练。在训练过程中,运算的数据不要默念,只要凭数字的字形反应直接指挥手指输入,心里只需默记页数,如此反复练习,就会习惯记页了。

微课视频3-2
翻打传票的
基本要求

? 技巧提示 3-2

翻打传票指法五要诀

(1)各手指要放在基本键上,输入数字时,每个手指只负责相应的几个键,不要混淆。

(2)手腕平直,手指弯曲自然,击键只限于手指指尖,身体其他部分不要接触工作台或键盘。

(3) 输入时,手稍微抬起,只有要击键的手指才伸出击键,击完后立即收回,停留在基准键上。
(4) 击键速度要均匀,用力要轻,要有节奏感,不可用力过猛。
(5) 在击键时,必须依靠手指和手腕的灵活运动,不能靠整个手臂的运动来打。

三、传票的计算方法

(一) 一次一页打法

在翻打传票计算时,翻一页打一页的方法叫做一次一页的打法。这种打法速度较慢,比较适合初学者。

(二) 一次二页打法

一次二页的打法,就是将两页传票上相对的数值进行心算,将心算结果一次键入的方法。这种计算方法需要在翻打传票时一次翻两页。其具体方法是:

(1) 左手的小指、无名指、中指放在传票本的封面页,食指放在算题指示的起始页上,拇指每次翻起两页传票,食指轻轻捻动翻起的第一页传票,以能看到次页传票上的数字为宜;如果已翻过的页数过多,也可以将只将小指、无名指放在传票本的封面页,用中指和无名指夹住已翻过的页数,再进行翻打计算。

(2) 心算相加两页相应的行次的数字,并用右手快速输入心算结果。

(3) 左手拇指和食指配合将已计算完的两张传票翻过并夹于食指和中指之间,拇指顺势去翻开另两张传票,这样一道题只需翻动10次即可完成。

(三) 一次三页打法

一次多页的打法,就是将三页传票上相对的数字用心算累加起来,将心算结果一次键入的方法。其翻页方法是:

(1) 左手的小指、无名指放在传票本的封面页上,中指放在算题指示的起始页上。

(2) 用拇指翻起一页传票后,用中指、食指夹牢,拇指迅速掀起下一页传票,使眼睛能很快看清三页中的指定行次的数字。

(3) 用心算相加三页相应行次的数字,并用右手快速输入心算结果。

掌握一次两页、一次三页的打法的关键是翻页和心算要过关。总之,在练习翻打传票时要注意每个动作之间的相互配合,使其协调一致。只有坚持不懈、多算多练才能使自己的水平不断提高。

微课视频3-3
传票的计算方法

会计职业道德 3-1

会计凭证的合法性和有效性

传票包括各种单据和凭证,记录着经济业务发生或完成情况的原始数据和其他相关信息,是进行会计核算和其他经济核算的基础。我国法律、法规对凭证的合法性和有效性要求进行了相应的规定。

在会计核算方面,《中华人民共和国会计法》(以下简称《会计法》)第十四条明确规定,会计机构、会计人员必须按照国家统一的会计制度的规定对原始凭证进行审核,对不真实、不合法的原始凭证有权不予接受,并向单位负责人报告;对记载不准确、不完整的原始凭证予以退回,并要求按照国家统一的会计制度的规定更正、补充。

在税收征管方面,《中华人民共和国税收征收管理法》第十九条规定,纳税人、扣缴义务人按照有关法律、行政法规和国务院财政、税务主管部门的规定设置账簿,根据合法、有效的凭证记账,进行核算。《中华人民共和国发票管理办法》第二十一条要求,所有单位和从事生产、经营活动的个人在购买商品、接受服务以及从事其他经营活动支付款项,应当向收款方取得发票。不符合规定的发票,不得作为财务报销凭证,任何单位和个人有权拒收。由此可见,合法且有效的凭证是会计核算的基本依据。

第三节 | 电子收款机的应用

电子收款机作为一种收款机器,因其使用时快速、简捷、省时、高效低耗等特点,在现代商品流通企业、服务业中得到了广泛的使用。

一、电子收款机的分类、结构及外部设备

世界上最早的收款机是在1879年,由美国的詹敏斯·利迪和约翰·利迪兄弟制造,其功能是实现营业记录备忘和监督雇用人的不轨行为。到20世纪60年代后期,随着电子技术的飞跃发展,日本率先研制成功了电子收款机。电子收款机的发明具有划时代的意义,成为在商业销售上进行劳务管理、会计账务管理、税务征收、商品管理的有效工具和手段。

(一) 电子收款机的分类

1. 第一类收款机

第一类收款机是指只能单机使用不可以联网,能够管理少量商品单品的收款机。这一类收款机的品种繁多,性能基本上相同,且价格相对较低。第一类收款机处理程序固定在收款机内不可改变,收款机只能提供简单的统计报告,由于数据存储区较小,所以数据的保留不可能是无限期的,需要定期清除。

2. 第二类收款机

第二类收款机,如图3-9所示,可以单机运行也能够联网,可以管理一定数量的商品单品,还可以连接简单的外设,如条码扫描设备等。这类收款机的品种也较多,价格和性能上有一些差异,个别

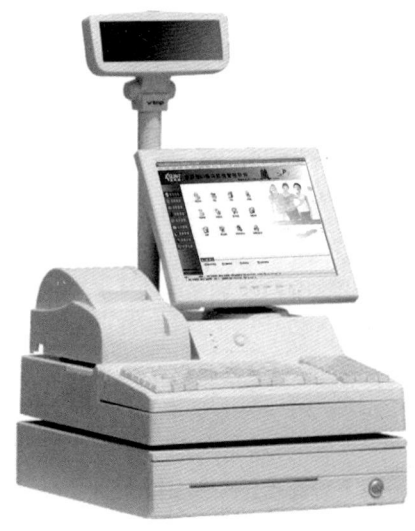

图3-9 电子收款机示例

收款机可以打印汉字。第二类收款机处理程序固定在收款机内不可改变,收款统计报告既能从收款机上得到,也可以从联网的计算机上得到,收款机与计算机多使用RS232口联网通讯。

3. 第三类收款机

第三类收款机即POS机,也称为PC-BASE型收款机,由电脑主机、显示器、钱箱、高速打印机、标准键盘等组成,具备标准电脑接口。此类收款机的硬件基础是通用计算机的基本部件,生产时采用国际规范,标准化程度高。由于硬件能很好地支撑系统软件和满足各种需要的应用软件,特别是可运用较为成熟的汉字系统,实现国标字库的汉字输入、显示、打印等功能。第三类型收款机既有计算机的通用接口,可以连接多种网络,又有适用于商业环境的专用接口,如磁卡阅读器、钱箱、条形码阅读器外设接口,还具有针对商业环境的专用键盘,且每个按键都可重新定义。由于应用环境复杂,其抗干扰能力、耐用性等方面远高于通用计算机。第三类收款机的管理软件完全可以根据具体需要进行设计。

虽然第三类收款机性能卓越、扩展性好,但第一、第二类收款机由于具有操作简单,价格优势明显等特点,在我国市场上仍有着广泛的需求。

(二)电子收款机的结构

目前市场上电子收款机的品牌、型号有很多,但其在原理、结构和使用方法上基本相同。电子收款机的结构主要由电子器件和机械部件两类组成,有以下7个组成部分。

1. 中央数据处理器

中央数据处理器是电子收款机的中心。第一、第二类收款机的中央数据处理器是专用的,用于执行收款机的运行程序,处理、计算各种收款数据,控制其他部件,用户不易作再次开发。

2. 存储器

存储器存储电子收款机的各种数据,如只读存储器(ROM)用于存放运行程序;随机存储器(RAM)用于存放销售商品数量、金额、税额及商品价格设置等数据。

3. 键盘

键盘用来输入各种销售数据。

4. 打印机

打印机是电子收款机的关键输出部件。打印机要求双程打印或双层打印,一联作为销售凭据,另一联存根保存销售数据用于管理。

5. 显示屏

电子收款机一般有两个显示屏,一个是收款员用的操作员显示屏,另一个是顾客显示屏。

6. 钱箱

钱箱是电子收款机特有的部件,用于存放收款现金。

7. 外部设备接口

电子收款机的外设接口较多,可分别连接条形码阅读器、票据打印机、电子秤等外部设备,还有通信接口。

(三) 电子收款机的外部设备

随着现代技术的发展,电子收款机的外部设备逐渐增多,常见的主要有以下几种。

1. 打印机

电子收款机除内置打印机外,还可连接外置打印机(如餐饮业中所用的厨房打印机和票据打印机)。

2. 条码阅读器

条码阅读器也称条码扫描枪,是条形码的读入装置。条码阅读器从外观上可以分为:笔式条码阅读器、手持式条码阅读器、台式条码阅读器和卡式条码阅读器。

3. 磁卡读写器

磁卡读写器是一种磁记录信号的读入或写入装置,它将信用卡记录的信息读入收款机。

4. 电子秤

现场称重计量商品时,电子秤将重量及其数据传给电子收款机。

5. 调制解调器

调制解调器即 MODEM,将电子收款机的数据通过电话线传给计算机。

6. 后备电源

后备电源即 UPS,用于断电后由电池直接向电子收款机供电。

7. 通信联网接口

通信联网接口的硬件由一组芯片或卡与物理端口组成,其软件由一组程序组成。

二、电子收款机的功能键介绍

电子收款机的种类很多,键盘功能键的数量和排列各有不同。一般来说,第三类收款机的键盘和电脑键盘按键内容及排列顺序基本一致,并且每个按键都可以重新定义。第一、第二类收款机的键盘虽形式各异,但都包括一些基本按键,其按键功能如表 3-4 所示。

表 3-4　　　　　　　　　　电子收款机功能键

键 位	功 能
走纸	打印机走纸
出金	用于确认从钱箱中提取的现金
入金	用于确认向钱箱中加入备用金

(续表)

键 位	功 能
方式锁	用于选择收款机的操作方式,在使用该键时,要通过键盘中的数字键配合才能完成其功能
#/非销售	在无交易状态下,打开钱箱;在交易中,作为号码确认键
收银员#	收银员号确认键,用于收款员登录
单价	商品价格临时变动时,按该键即确认输入的价格为当前交易价格
金额折让	小计金额折扣确认键,按该键即确认前面键入的金额折扣值
取消	取消刚输入的商品项或部类项,该键为及时更正
更改	在交易结束前,取消交易过程中的任意一笔录入的商品项或部类项,该键的功能为过时更正
交易取消	清除当前输入的全部交易,使交易重新开始
清除	清除当前输入的错误数字或取消错误操作引起的鸣叫,同时清屏
退货	按下该键,即确认紧跟着输入的交易项为退货
PLU#	商品代码确认键,键入商品编码后按该键,即确认商品所属代码
部类#	部类确认键,键入部类号后按该键,即确认该部类
部类1……部类8	指定直接部类1~8键
%、(+、-)	小计或单品折扣确认键,按该键即确认前面键入的折扣值;按小计键后再按该键为小计折扣,否则为单品折扣
1、2……9、0	数字键
00	双"0"键,等同于按两次"0"键
×(乘号键)	数量乘号键,当有同样的交易项要输入时,可以按此键乘以数量来简化输入
.	小数键,用于输入数量中的小数点
小计	按下该键,显示或同时打印本次销售中到目前为止的交易累计金额
信用卡	用于信用卡结算方式,按该键前可键入信用卡卡号
支票	用于支票结算方式,按该键前可键入支票号
现金	用于现金结算方式,按该键前可输入顾客付款金额

三、电子收款机的操作

电子收款机规格型号较多,但在销售收款时的操作基本相同。下面以第二类电子收款机为例介绍电子收款机的操作。

(一)操作前的准备工作

(1)检查电子收款机电源。

(2) 检查准备电子收款机的打印纸。

(3) 准备零钞。

(4) 开启电子收款机,收款员输入本人工号、密码,进入收银系统。

(二) 收款交易操作

1. 一种单品售出一个的操作

【例 3-1】 顾客购买"01000001-蒙牛牛奶"1 袋,单价 2.50 元,用人民币付款 10 元,则收银员应按三步进行操作,步骤如下:

第一步:录入商品编码【01000001】然后按【PLU】键,或者直接用扫描枪扫描,不需要按【PLU】键。此时屏幕上会显示出这个商品的相关信息:"商品:蒙牛牛奶,数量:1.00,单价:2.50,金额 2.50"。如顾客选购了多件商品可重复按此进行操作。

第二步:按【小计】键结束交易录入阶段,进入收银确认阶段,屏幕上提示"总数:1.00,总额:2.50",表示销售商品 1 件,销售金额总计 2.50 元。

第三步:顾客实付金额 10 元,录入数字"10",再按【现金】键,此时小票自动打印,同时钱箱打开,屏幕布上提示:"总数:1.00,总额:2.50,找零:7.50",表示此次交易是收取顾客 10 元钱,应退顾客 7.50 元。操作完成后,应关闭钱箱,准备对下一位顾客的收款服务。

2. 一种单品售出多个的操作

当顾客一次购买两件相同商品时,可用扫描枪扫描商品两次或手工录入商品编码后按两次【PLU】键。

当顾客一次购买三件或三件以上相同商品时,采用数量乘输入方式是非常方便的。

【例 3-2】 顾客购买"01000002-伊利牛奶"5 袋,价格 2.50 元,用人民币付款 20 元,收银员的操作如下:

第一步:按数字键【5】,再按【×】,然后再用扫描枪扫描商品编码(或手工录入商品编码【01000002】按【PLU】键),此时屏幕上提示:"商品:伊利牛奶,数量:5.00,单价:2.50,金额 12.50"。

第二步:按【小计】键结束交易录入阶段,进入收银确认阶段,屏幕上提示"总数:5.00,总额:12.50"。

第三步:顾客实付金额 20 元,录入数字"20",再按【现金】键,此时钱箱自动打开,同时屏幕布上提示:"总数:5.00,总额:12.50,找零:7.50"。

3. 退货

【例 3-3】 顾客要退"07000001-菠萝",单价 4.00 元,退货金额为 9.00 元,收银员的操作如下(假设用扫描枪扫描录入):

第一步:按【退货】键,此时交易进入退货模式。

第二步:用扫描枪扫描商品上的条形码:录入【07000001】,屏幕显示"金额:-9.00"。

第三步:按【现金】键,此时钱箱自动打开,收款员将相应的金额退给顾客。

(三)收银员交班对账

(1) 整理好当班收银账款,并进行核对。

(2) 清理收银台。

(3) 填写手工缴款单。

(4) 上缴收银款。

电子收款机使用过程中应做好日常维护保养工作。平时操作时动作要轻,注意保持清洁并做好防水、防尘工作。同时,应指定专人负责电子收款机的维护和故障排除工作,保证机器能正常运转。

技巧提示 3-3

电子收款机的更正键

(1)【清除】:用于清除错误输入,同时清除屏幕显示信息,无数据打印。

(2)【取消】(及时更正):在当前交易中对刚刚输入的商品项进行删除,可按该键。

(3)【更改】(过时更正):在交易结算之前,如果需要取消已经录入的某项商品,可用该键进行更正。例如,某项交易中商品编号为"01000005"和"01000006"的录入商品已完成,发现需要取消商品"01000005"的录入,则整个操作过程为(假设用扫描枪扫描录入):【01000005】→【01000006】→【更改】→【01000005】。

延伸阅读3-2

PLU 及 PLU 销售方式

PLU 的意思是编号商品价格表,即用一串数字表示的商品代码,而且每个商品代码都是唯一的。这个代码包括了一件商品的价格、品名、归属类别。在销售时,输入商品的代码及商品代码确认键,电子收款机就可以打印出该商品的价格、品名等相关信息。这种利用商品代码进行销售的方式就是 PLU 销售方式。

每个商品的中英文名称、价格所属部类及多种销售属性均可在 PLU 中预先设置。

第四节 Excel 计算功能的应用

Excel 是微软公司推出的 Office 办公系列软件的一个重要组成部分,主要用于电子表格处理,可以高效地完成各种表格和图形的设计,具有强大的数据组织、计算、分析和统计功能,广泛应用于财务、行政、金融、经济、统计和审计等众多领域,大大提高了数据处理的效率。下面以 Excel 2019 为例进行介绍。

一、Excel 简介

(一) Excel 的工作界面

Excel 2019 的工作界面主要由快速访问工具栏、标题栏、功能区、编辑栏、工作表编辑区、状态栏和滚动条等部分组成,如图 3-10 所示。

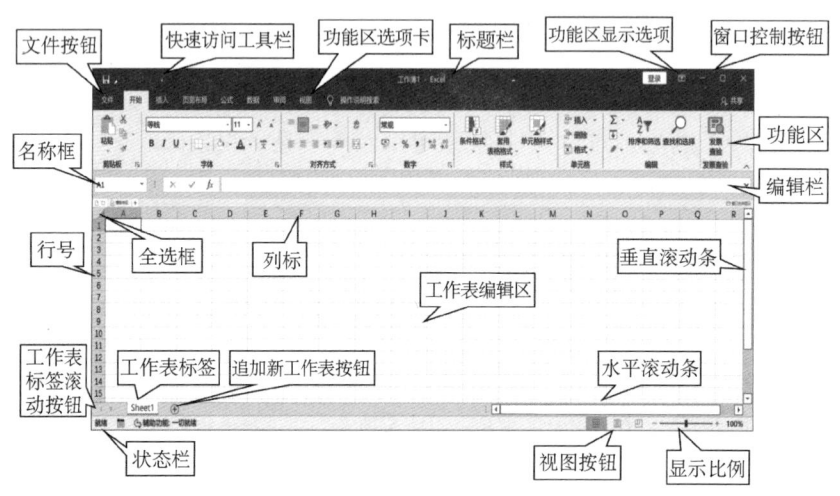

图 3-10　Excel 2019 的工作界面

(二) Excel 的功能简介

Excel 2019 在功能上不仅继承了以前版本的优点,还增加了一些独具特色的新功能,使用户可以更高效地进行数据处理工作。

1. 采用电子表格管理数据

Excel 2019 采用表格管理大量的数据,每个 Excel 文件(在 Excel 中称为工作簿)最多可以有 255 个工作表,一张工作表最多可以有 65 536 行、256 列数据,每个单元格中可以存放的数据类型非常丰富,主要有数值、文字、图形、图表等。在 Excel 操作中,一个单元格内记录信息的长短并不重要,关键是以单元格作为整体进行操作,单元格的长度、宽度及单元格内字符串的类型可以根据需要进行改变。在工作表建立数据清单后,还可以创建相应的数据透视表或一般图表,可以更直观、有效地显示与管理数据。

2. 强大的数据处理功能

采用电子表格来管理数据是 Excel 2019 的功能之一,其主要功能体现在具有强大的数据处理功能。首先,Excel 2019 提供了丰富的函数,共有 329 个内部函数,包括数字和三角、财务、日期与时间、统计、查找与引用、数据库、文本、逻辑等各类函数,通过这些内部函数可以进行各种复杂的运算;其次,Excel 2019 还提供了许多如统计分析、方差分析、回归分析、线性规划等这样的数据分析与辅助决策工具。用户利用这些工具,不需要掌握编程方法和相关的数学算法,通过选择选项或按钮即可得到分析结果。

二、公式

(一) 公式概述

公式主要用于计算。可以说,没有公式,Excel就没有使用价值。使用公式可以进行简单的计算,如加、减、乘和除等计算;也可以完成复杂的计算,如财务、统计和科学计算等;还可以使用公式进行比较或者操作文本和字符串。工作表中需要计算结果时,使用公式是最好的选择。

简单地说,公式就是一个等式,或者说是连续的一组数据和运算符组成的序列。Excel中的公式遵循一个特定的语法:最前面是等号"=",后面是参与运算的元素和运算符。元素可以是常量数值、单元格引用、标志名称以及工作表函数。如:

=10+2*6

=SUM(A1:A4)

=A1&B1

用键盘创建公式的操作步骤如下:

步骤1:选择要输入公式的单元格。

步骤2:先输入等号"=",然后输入计算表达式;如果使用的是公式选项板向单元格输入公式,Excel会自动在公式前面插入等号。

步骤3:按Enter键完成公式的输入。

在工作表单元格中输入公式后,公式所产生的结果就会显示在工作表中。要查看产生结果的公式,只需选中该单元格,公式就会出现在编辑栏中,或按组合键:Ctrl+'(数字1左边的键)可以使工作表在结果与公式之间进行切换。

下面介绍公式中的运算符及公式的运算顺序。

1. 运算符

Excel的运算符可以分为:算术运算符、比较运算符、文本运算符和引用运算符4类。

(1) 算术运算符。算术运算符是指加、减、乘、除等运算。运算的优先次序为:括号→指数→乘除→加减。同级运算符按从左到右的顺序进行。Excel的所有算术运算符如表3-5所示。

表3-5　　　　　　　　　Excel的算术运算符(英文状态下输入)

公式中使用的符号	含义	示例
+	加	=1+2
-	减	=2-1
-	负号	-1

(续表)

公式中使用的符号	含义	示例
*	乘	=2*3
/	除	=4/2
^	乘方	=2^2
%	百分号	10%
( )	括号	=(4-1)*5

（2）比较运算符。比较运算符是用来比较两个数值的关系，并产生逻辑值 TRUE（逻辑真值）和 FALSE（逻辑假值）。Excel 的所有比较运算符如表 3-6 所示。

表 3-6　　　　　　　　Excel 的比较运算符（英文状态下输入）

公式中使用的符号	含义	示例	运行结果
=	等于	=1=2	FALSE
>	大于	=1>2	FALSE
<	小于	=1<2	TRUE
>=	大于等于	=1>=2	FALSE
<=	小于等于	=1<=2	TRUE
<>	不等于	=1<>2	TRUE

（3）文本运算符。文本运算符表示将一个或多个文本连接为一个组合文本。文本运算符的运算符是"&"（英文状态下按："Shift+7"），文本运算符连接字符串时要使用英文状态下双引号，连接数字时可以不加双引号，如：="CLASS"&"ROOM"的运行结果为 CLASSROOM；=12&34 运行结果为 1234。

（4）引用运算符。引用运算符可以将单元格区域合并运算，Excel 的所有引用运算符如表 3-7 所示。

表 3-7　　　　　　　　Excel 的引用运算符（英文状态下输入）

公式中使用的符号	含义	示例	等价公式
:（冒号）	区域运算符：对两个引用之间，包括两个引用在内的所有单元格进行引用	=SUM(A1：A4)	=A1+A2+A3+A4
,（逗号）	联合运算符：将多个引用合并为一个引用	=SUM(A1：A3,B1：B3)	=A1+A2+A3+B1+B2+B3
（空格）	交叉运算符：产生同时属于两个引用的单元格区域的引用	=SUM(A1：A3 A1：B1)	=A1

2. 运算顺序

当公式中既有加法,又有乘法、除法或乘方时,Excel 的运算顺序与数学中相似。对于同一级运算,则按照从等号开始从左到右的顺序进行运算;对于不同级别的运算符,则按照运算符的优先级进行运算。运算符的优先级如表 3-8 所示。

表 3-8　　　　　　　　　　　　公式中运算符的优先级

运算符	说　明	优先级
:(冒号)	区域运算符	1
(空格)	交叉运算符	2
,(逗号)	联合运算符	3
( )	括号	4
—(负号)	负号	5
%	百分号	6
^	乘方	7
*和/	乘和除	8
+和—	加和减	9
&	文本运算符	10
=、<、>、<=、>=、<>	比较运算符	11

(二) 公式中单元格的引用

每个单元格都有行、列坐标位置,将单元格的行、列坐标位置称为单元格引用。引用的作用在于标识工作表上的单元格或单元格区域,并告知 Excel 在何处查找公式中所使用的数值或数据。Excel 中是用列标和行号来标示某一单元格的位置,所以若要引用某个单元格,则在公式中输入单元格的行号、列标,即单元格的地址即可。

为了满足用户的需要,Excel 提供了 3 种不同的引用类型:相对引用、绝对引用及混合引用。

1. 相对引用

相对引用是指在公式中直接对单元格的行号、列标这种相对位置进行的引用,如:A1,D3 等。使用相对引用后,系统将会记住建立公式的单元格和被引用的单元格的相对位置关系,在粘贴这个公式时,新的公式单元格和被引用的单元格仍保持这种相对位置。

【例 3-4】 图 3-11 所示的销售提成计算表中,要根据不同的销售金额和不同的提成比例计算每人应得的提成金额。

	A	B	C	D
1	销售提成表			
2	姓名	销售额	提成比例	提成金额
3	陈红	158 000	12%	
4	李一	87 000	8%	
5	王冰	12 000	5%	

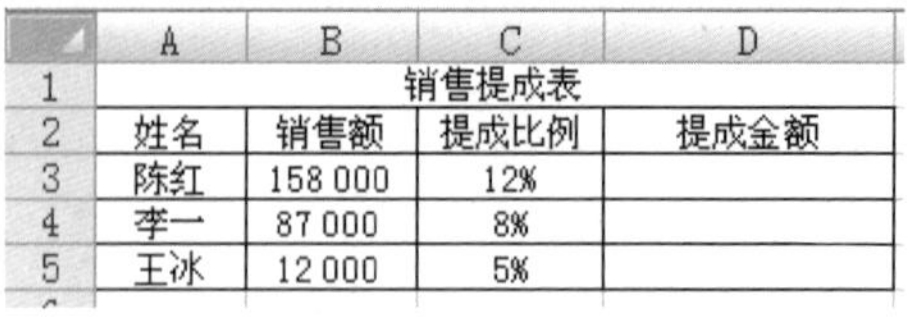

图 3-11　不同提成比例的销售提成表

操作步骤如下(见图 3-12 和图 3-13)：

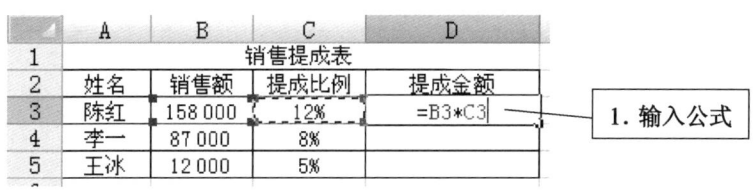

	A	B	C	D
1	销售提成表			
2	姓名	销售额	提成比例	提成金额
3	陈红	158 000	12%	=B3*C3
4	李一	87 000	8%	
5	王冰	12 000	5%	

图 3-12　销售提成表中输入公式

	A	B	C	D
1	销售提成表			
2	姓名	销售额	提成比例	提成金额
3	陈红	158 000	12%	18 960
4	李一	87 000	8%	
5	王冰	12 000	5%	

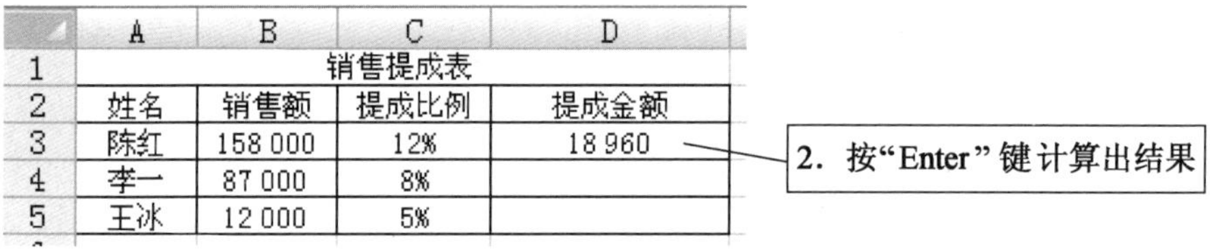

图 3-13　销售提成表中公式计算结果

若要计算李一和王冰的提成金额,可使用自动填充功能将 D3 单元格中的公式复制下来。方法是:选择 D3 单元格,并将鼠标指针置于单元格的右下角,当鼠标指针变成“+”形状时,按住鼠标左键不放,拖动鼠标至 D5 单元格即可,如图 3-14、图 3-15 所示。

	A	B	C	D
1	销售提成表			
2	姓名	销售额	提成比例	提成金额
3	陈红	158 000	12%	18 960
4	李一	87 000	8%	
5	王冰	12 000	5%	

图 3-14　销售提成表中复制公式

	A	B	C	D
1	销售提成表			
2	姓名	销售额	提成比例	提成金额
3	陈红	158 000	12%	18 960
4	李一	87 000	8%	6 960
5	王冰	12 000	5%	600
6				

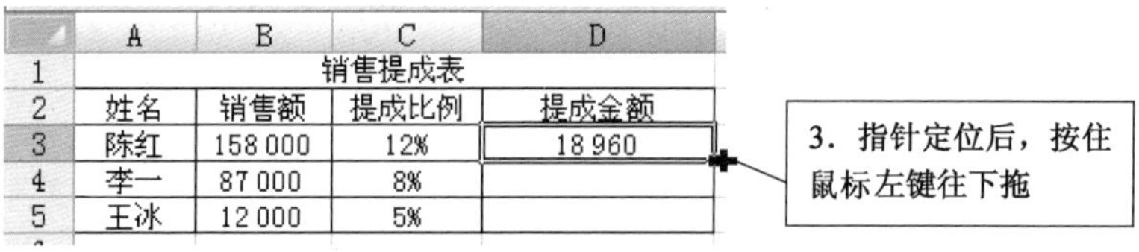

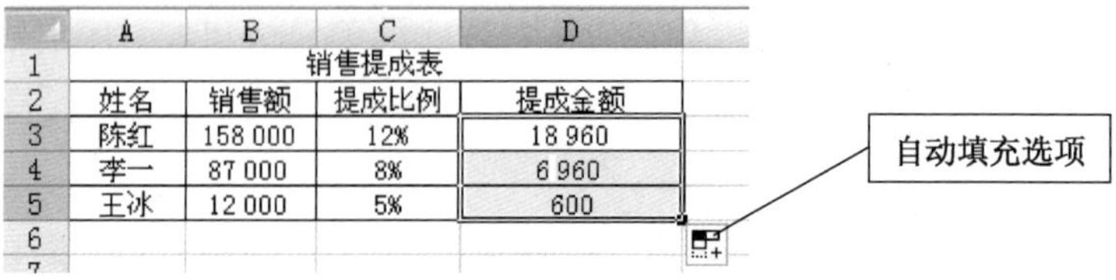

图 3-15　销售提成表中公式复制后的结果

2. 绝对引用

绝对引用是指被引用的单元格与引用的单元格的位置关系是绝对的,无论将这个公式粘贴到哪个单元格,公式所引用的还是原来单元格的数据。绝对引用的单元格名称的行和列都有符号"$"。例如,$A$1,$D$3。

【例3-5】 图3-16所示的销售提成计算表中,要根据不同的销售金额和相同的提成比例计算每人应得的提成金额。

	A	B	C
1	提成比例	12%	
2			
3		销售提成表	
4	姓名	销售额	提成金额
5	陈红	158 000	
6	李一	87 000	
7	王冰	12 000	

图3-16 相同提成比例的销售提成表

操作步骤如下:

(1) 在C5单元格中输入公式"=B5*B1"。

(2) 按【Enter】计算出结果。

(3) 选择C5单元格,并将鼠标指针置于单元格的右下角,当鼠标指针变成"+"形状时,按住鼠标左键不放,拖动鼠标至C7单元格。

3. 混合引用

混合引用是指在公式中对单元格的行号进行绝对引用而对列标进行相对引用,或对行号进行相对引用而对列标进行绝对引用,如A$1,$A1。

技巧提示3-4

单元格引用类型的切换

在公式中使用单元格引用时,输入等号后用鼠标单击要引用的单元格是相对引用,可以使用下列方式进行单元格引用类型的切换:

方法一:在需要输入绝对引用符的行号或列标前使用"Shift+4"(英文状态下)加上"$"。

方法二:使用功能键【F4】可以在绝对引用、混合引用和相对引用之间进行切换。

(三) 数组公式

数组公式是可以同时进行多重计算并返回一种或多种结果的公式。在数组公式中,使用两组或多组数据称为数组参数,数组参数可以是一个数据区域,也可以是数组常量。

输入数据公式的操作步骤如下:

(1) 选中需要输入数组公式的单元格或单元格区域。

（2）输入公式的内容。

（3）按"Shift＋Ctrl＋Enter"（最后按【Enter】）快捷键结束输入。

【例 3-6】 图 3-17 销售提成计算表，要根据不同的销售金额和不同的提成比例计算每人应得的提成金额，可以使用数据公式得到，操作步骤如图 3-17 至图 3-19 所示。

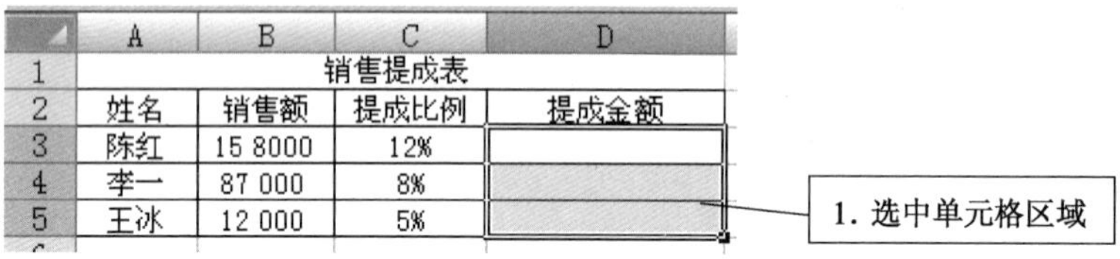

图 3-17　销售提成表中选定单元格区域

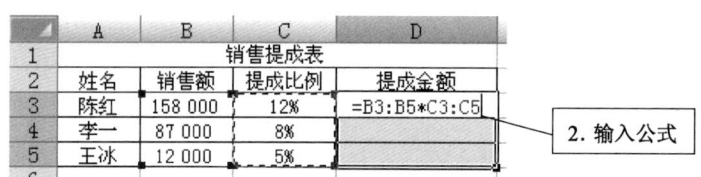

图 3-18　销售提成表中输入数组公式

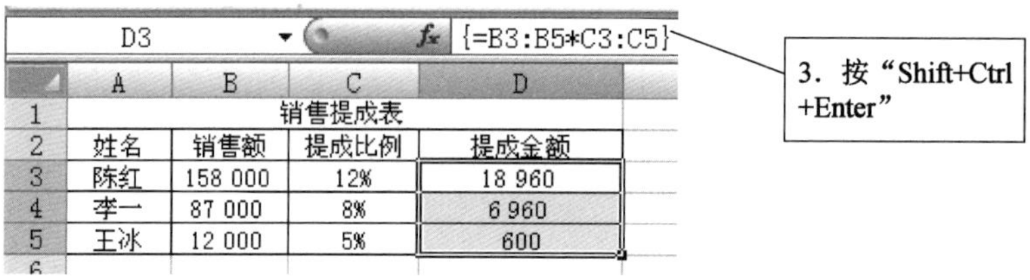

图 3-19　销售提成表中输出数组公式的结果

技巧提示 3-5

数组公式的修改与删除

按"Shift＋Ctrl＋Enter"组合键后，公式中自动加上一个大括号，代表数组是一个整体。数组公式如果返回多个结果，当要修改或删除时，必须修改或删除整个数组公式，不能只修改或删除数组公式的一部分。

当要删除数组公式时，应先选定数组公式所在的单元格区域，然后按"Delete"键。当要修改数组公式时，应先删除数组公式后再输入正确的。

若只修改数组公式的一部分，会出现"不能更改数组的某一部分"的提示框，这时须按"确认"后，按"Esc"键才能退出编辑状态。

三、函数

(一) 函数概述

函数处理数据的方式与公式处理数据的方式相同,函数通过引用参数接收数据,对其进行相关的运算后,返回结果。大多数情况下,函数的计算结果是数值,也可能返回文本、引用、逻辑值、数组或工作表的信息等。

1. 函数分类

Excel 提供了大量的函数,这些函数按功能可以分为以下几种类型(见表 3-9)。

表 3-9　　　　　　　　　　　　函数类型

类型	作用	举例
数字和三角函数	处理简单和复杂的数学计算	SUM、ROUND
文本函数	在公式中处理字符串	CONCATENATE、TEXT
逻辑函数	进行真假值判断或符号检验	IF、AND、OR
数据库函数	分析数值是否符合特定条件	DAVERAGE
统计函数	对数据进行统计分析	AVERAGE、MAX、MIN
查找和引用函数	查找特定数据或单元格引用	VLOOKUP、HLOOKUP
日期与时间函数	分析和处理日期和时间值	NOW、TODAY
工程函数	用于工程分析	BIN2DEC
信息函数	确定存储在单元格数据的类型	ISNA
财务函数	进行一般财务计算	PV、FV、NPV、IRR

2. 函数输入

输入函数的方法有以下两种:

(1) 选择单元格,在编辑栏中输入"=函数(参数,参数,……)";

(2) 选择单元格,点击编辑栏前的"fx"或"公式|函数库|"插入函数,打开公式选项板。

(二) 常用函数

1. SUM 函数

SUM 函数用于计算一系列数字之和,其语法如下:

=SUM(number1, number2, …)

其中,number1, number2, …为 1~255 个需要求和的参数,可以是数字、公式、范围或单元格引用。

【例 3-7】 在图 3-20 所示的销售统计表中,计算上半年每种产品的合计数。

	A	B	C	D	E	F	G	H
1	上半年销售统计表							
2	品名	一月	二月	三月	四月	五月	六月	合计
3	产品A	210	300	120	120	450	45	
4	产品B	400	450	200	300	210	21	
5	产品C	500	300	300	220	212	22	
6	产品D	300	240	500	120	120	45	
7	产品E	100	15	40	541	520	63	
8	产品F	500	68	500	200	365	100	

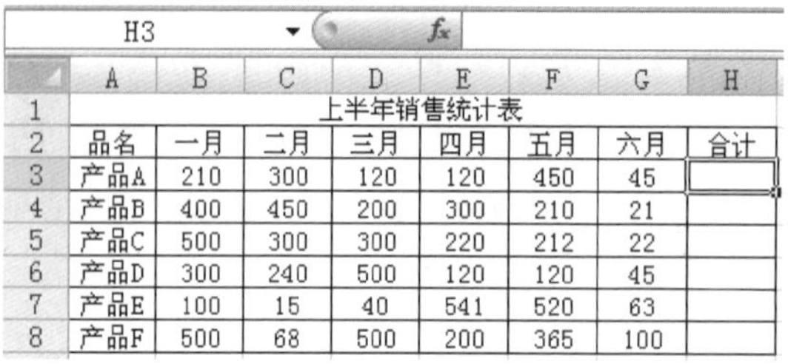

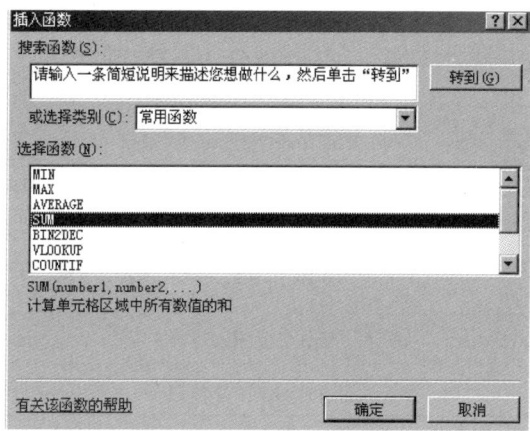

图 3-20　上半年销售统计表——合计

操作步骤如下:

(1) 选择 H3 单元格,点击"fx",选择"SUM"函数,打开 SUM 公式选项板,在参数"Number1"的文本框中选中单元格"B3 : G3",点击"确定"(或选择 H3 单元格后直接输入公式"=SUM(B3:G3)")。如图 3-21、图 3-22 所示。

图 3-21　插入 SUM 函数

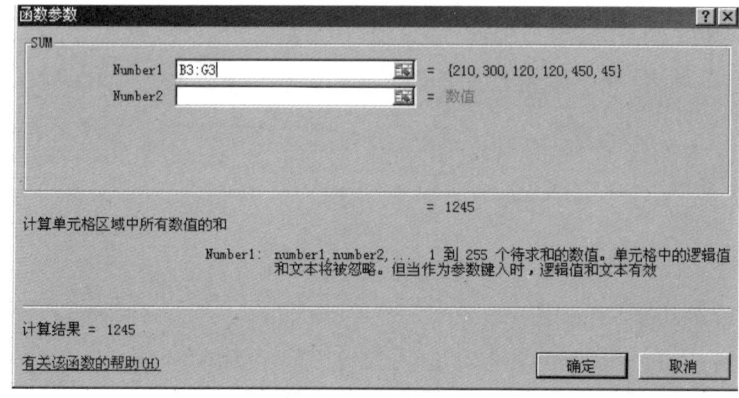

图 3-22　SUM 函数公式选项板

（2）选择 H3 单元格，使用“自动填充”功能复制公式，计算出其他产品的上半年合计数。

2. AVERAGE 函数

AVERAGE 函数用于计算参数算术平均值，其语法如下：

=AVERAGE(number1,number2,…)

其中，number1，number2，…为 1～255 个需要求算术平均值的参数，可以是数字、公式、范围或单元格引用。

例如，在图 3-23 所示的销售统计表中，计算每种产品上半年月平均值，操作方法与求合计数类似。

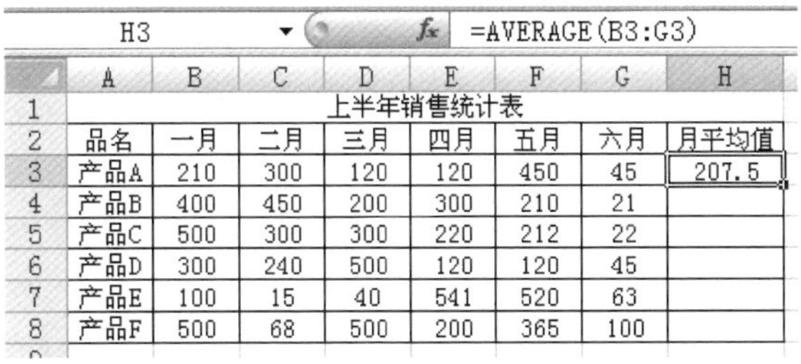

H3 =AVERAGE(B3:G3)

	A	B	C	D	E	F	G	H
1	上半年销售统计表							
2	品名	一月	二月	三月	四月	五月	六月	月平均值
3	产品A	210	300	120	120	450	45	207.5
4	产品B	400	450	200	300	210	21	
5	产品C	500	300	300	220	212	22	
6	产品D	300	240	500	120	120	45	
7	产品E	100	15	40	541	520	63	
8	产品F	500	68	500	200	365	100	

图 3-23 上半年销售统计表——月平均值

3. MAX 函数

MAX 函数用于计算参数最大值，其语法如下：

=MAX(number1,number2,…)

其中，number1，number2，…为 1～255 个需要从中找出最大值的参数，可以是数字、公式、范围或单元格引用。

例如，在图 3-24 所示的销售统计表中，计算每种产品上半年月最高销量，操作方法与求合计数类似。

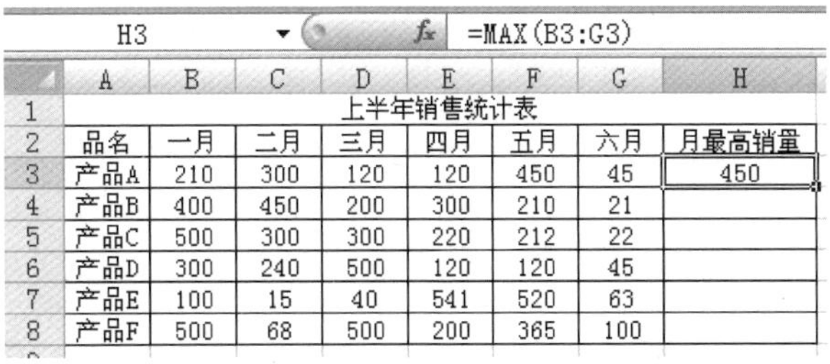

H3 =MAX(B3:G3)

	A	B	C	D	E	F	G	H
1	上半年销售统计表							
2	品名	一月	二月	三月	四月	五月	六月	月最高销量
3	产品A	210	300	120	120	450	45	450
4	产品B	400	450	200	300	210	21	
5	产品C	500	300	300	220	212	22	
6	产品D	300	240	500	120	120	45	
7	产品E	100	15	40	541	520	63	
8	产品F	500	68	500	200	365	100	

图 3-24 上半年销售统计表——月最高销量

4. MIN 函数

MIN 函数用于计算参数最小值，其语法如下：

=MIN(number1,number2,…)

其中，number1，number2，…为 1～255 个需要从中找出最小值的参数，可以是数字、公式、范围或单元格引用。

例如,在图 3-25 所示的销售统计表中,计算每种产品上半年月最低销量,操作方法与求合计数类似。

图 3-25　上半年销售统计表——月最低销量

四、Excel 计算功能的应用举例

微课视频 3-4
批量生成工作表

下面我们利用 Excel 的计算功能完成 A 公司 1 月份工资明细表的编制,并对应发工资进行统计分析。A 公司有关项目发放情况的规定如下:

1. 应发合计＝基本工资＋岗位工资＋住房补贴＋奖金
2. 事假扣款＝应发合计÷22×事假天数
3. 病假扣款＝病假天数×10
4. 扣款合计＝事假扣款＋病假扣款
5. 应发工资＝应发合计－扣款合计

A 公司 1 月份的工资明细如图 3-26 所示。

图 3-26　A 公司 1 月份工资明细——基础数据

利用Excel计算应发工资及应发工资的合计数、平均数、最高数及最低数的操作步骤如下：

（1）在H3单元格中输入公式"＝D3＋E3＋F3＋G3"，将公式自动填充至H14单元格。

（2）在J3单元格中输入公式"＝H3/22＊I3"，将公式自动填充至J14单元格。

（3）在L3单元格中输入公式"＝K3＊10"，将公式自动填充至L14单元格。

（4）在M3单元格中输入公式"＝J3＋L3"，将公式自动填充至M14单元格。

（5）在N3单元格中输入公式"＝H3－M3"，将公式自动填充至N14单元格。

（6）在A19单元格中输入公式"＝SUM(N3：N14)"。

（7）在B19单元格中输入公式"＝AVERAGE(N3：N14)"。

（8）在C19单元格中输入公式"＝MAX(N3：N14)"。

（9）在D19单元格中输入公式"＝MIN(N3：N14)"。

	A	B	C	D	E	F	G	H	I	J	K	L	M	N
1							A公司1月份工资明细表							
2	员工编号	姓名	部门	基本工资	岗位工资	住房补贴	奖金	应发合计	事假天数	事假扣款	病假天数	病假扣款	扣款合计	应发工资
3	1001	李飞	管理部	4500	1000	350	500	6350		0		0	0	6350
4	1002	马媛	管理部	4000	1000	350	500	5850	2	531.82		0	531.82	5318.18
5	1003	李正	管理部	3800	1000	350	500	5650		0	5	50	50	5600
6	2001	张力	生产部	4000	1000	350	600	5950		0		0	0	5950
7	2002	王沙	生产部	3300	500	200	600	4600		0		0	0	4600
8	2003	孔丽	生产部	3000	500	200	600	4300		0		0	0	4300
9	2004	赵阳	生产部	3000	500	200	0	3700	10	1681.82		0	1681.82	2018.18
10	3001	白雪	销售部	4000	1000	350	1000	6350		0		0	0	6350
11	3002	孙武	销售部	3500	800	280	1700	6280		0		0	0	6280
12	3003	齐磊	销售部	3000	800	280	0	4080		0	15	150	150	3930
13	3004	牛玲	销售部	3000	800	280	1100	5180		0		0	0	5180
14	3005	王林	销售部	3200	800	280	900	5180		0		0	0	5180
15														
16														
17	A公司1月份应发工资统计表													
18	合计数	平均数	最高数	最低数										
19	61056.36	5088	6350	2018.18										

图3-27　A公司1月份工资明细表——完整数据

本章小结

本章主要学习：电子计算器的分类和结构，电子计算器的基本功能键以及计算器的基本指法和练习方法；传票的概念、种类和规格，翻打传票的基本要求和具体计算方法；电子收款机的分类、结构、外部设备，电子收款机的基本功能键和具体的操作方法；Excel的工作界面和功能，Excel中的公式及函数，Excel计算功能的应用。

本章重要概念

电子计算器　传票　翻打传票　电子收款机　公式　函数

思考与练习

1. 计算器的基本指法是什么?
2. 简述翻打传票整理时的基本步骤。
3. 简述传票翻页的具体方法。
4. 电子收款机的组成部分有哪些?

第四章　现钞与电子货币的应用技能

> 内容提要
> 重点难点
> 学习目标
> 知识框架
> 思政育人
> 第一节　点钞与验钞概述
> 第二节　手工点钞技能
> 第三节　机器点钞技能
> 第四节　验钞技能
> 第五节　电子货币
> 本章小结
> 本章重要概念
> 思考与练习

内容提要

本章主要讲解点钞与验钞的基本常识；点钞的基本方法；点钞机的组成和使用方法；第五套人民币的验钞技能；电子货币的基本常识。

重点难点

本章重点是点钞的基本方法与第五套人民币的验钞技能；难点是现钞与电子货币的应用技能的实践应用。

学习目标

通过本章学习，学生应了解点钞的基本知识、第五套人民币的基本常识、点钞机的组成；掌握点钞的基本方法、点钞机的使用方法、第五套人民币的验钞技能及电子货币基本常识。

知识框架

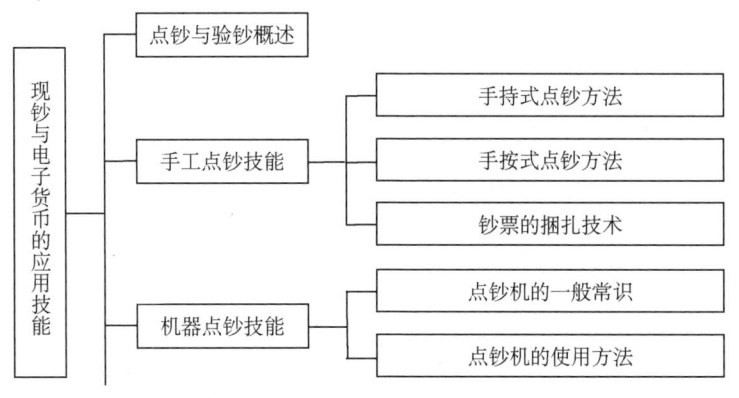

微课视频 4-1
第四章 现钞与电子货币的应用技能学习导引

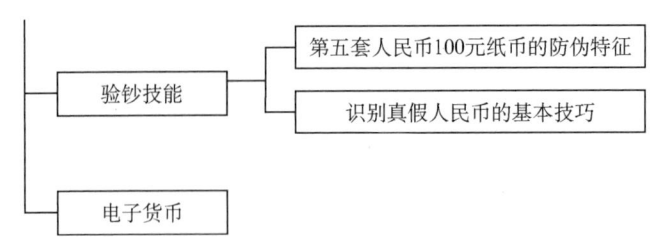

思政育人

在实际工作中,优秀的出纳人员应具有一流的专业技能。除了具有熟练的账务处理能力,还应该具备熟练的点钞技能。小刘是某高职院校财会专业的学生,毕业后到某市一家最大的超市进行收银工作的实习。该超市的经营规模很大,商品的种类齐全,所以每天的收入量很可观。对于每天所收取的现金,面额有100元、50元、20元、10元、5元、1元纸币,还有零散硬币等,每天面对大量的面额不等的现金,小刘应如何展开工作呢?她能否做好这项工作呢?

【思政寄语】

当代中国青年生逢其时,施展才干的舞台无比广阔,实现梦想的前景无比光明。

第一节 点钞与验钞概述

一、点钞的基本知识

(一)点钞技术的意义

点钞是点纸币的一种俗称。它是指按照一定的方法查清票币的数额,即整理、清点钞票,使进出钞票的数量和质量得到保证。在银行泛指清点各种票币,又称票币整点。因此,点钞是出纳工作最重要的一个组成部分。

点钞速度的快慢、水平的高低、质量的好坏直接关系到企业及金融机构的资金周转和货币流通速度、关系到银行的工作效率及服务质量。学好点钞技术是每一个出纳人员必须具备的基本业务,是搞好出纳工作的坚实基础。因此,出纳人员应该刻苦训练,掌握一手过硬的点钞技术,才能适应当前经济发展的需要,才能胜任出纳工作。

(二)点钞方法的分类

1. 按清点币种的性质分类

按清点币种的性质可分为:纸币整点和硬币清点。

2. 按使用的工具分类

按使用的工具可分为:手工点钞和机器点钞。

(1)手工点钞指将纸币和硬币置于桌面,由人工清点计数的方法。手工点钞依据指法不同可分为:手持式点钞方法和手按式点钞方法。手持式点钞方法根据指法不同又可分为:单指单张点钞方法、四指四张点钞方法、五指拨动点钞方法和扇面式点钞方法。

(2) 机器点钞指使用点钞机整点钞票。

(三) 点钞的基本程序

点钞的基本程序主要包括8个环节:起钞→拆把→持钞→点数→记数→扎把→盖章→整理。要提高点钞速度,保证点钞准确性,必须把各个环节的工作都做好,才能达到事半功倍的效果。

> **技巧提示 4-1**
>
> **点钞的基本步骤**
>
> (1) 起钞:由左手单手拿起一把待点的钞票做拆把准备。
>
> (2) 拆把:把待点的成把钞票的封条拆掉。
>
> (3) 持钞:依据不同的点钞方法持钞,做好点钞准备。
>
> (4) 点数:手工点钞要求手中点钞、脑中记数;机器点钞要求机器清点、眼睛挑残。
>
> (5) 记数:分组记数,既准又快。
>
> (6) 扎把:把点好的100张钞票墩齐,用腰条扎紧。不足100张的在腰条上写出实点数。
>
> (7) 盖章:在扎好的钞票的腰条上加盖经办人员名章,以明确责任。
>
> (8) 整理:将清点好捆扎完毕的钞票整齐摆放在桌面右侧。

(四) 点钞的基本要领

学习点钞,首先要掌握钞票清点的32字要求,基本要领掌握得好,可以达到一举两得的效果。

1. 坐姿端正

点钞的坐姿直接影响点钞技术的发挥。正确的坐姿应做到直腰挺胸,双脚平放于地面,全身肌肉放松,两小臂自然放在桌上,左手腕部接触桌面,右手腕部微微抬起,轻松持币。

2. 用品定位

点钞时使用的用品主要包括钞票、点钞蜡、扎把条、名章、印泥。用品定位具体需做到以下三点:

(1) 待点钞票由点钞员整理整齐放于桌面左侧。

(2) 点钞蜡、扎把条、名章、印泥,按顺序放于桌面中央正前方。

(3) 清点好的钞票扎把盖章后置于桌面右侧。

3. 开扇均匀

不同的点钞方法,都需要将待点钞票开扇,以便于捻动、清点,并防止夹张,合理的开扇方法可以提高点钞的速度和准确性。

4. 清点准确

清点准确是点钞最重要的环节,因此,为保证清点的准确,需做到以下三点:

(1) 集中精神,全神贯注。

(2) 定型操作,机器复核。

(3) 双手点钞,眼睛看钞,脑子记数,眼手脑紧密配合。

5. 票币墩齐

票币点完后要墩齐,做到四条边水平对齐、不露头、卷角拉平。

6. 捆扎合格

百张一把,十把一捆。具体要做到:

(1) 清点完的钞票每一百张钞票扎为一小把,以提起把中第一张票币不被抽出为准。

(2) 每十小把按"♯"字形捆扎为一大捆,以抽不出票把、用力推不变形为准。

7. 盖章清晰

腰条上的名章要清晰可辨,以便分清责任。

8. 动作流畅

点钞过程中的各个环节必须紧密配合,环环相扣,减少不必要的小动作。

二、验钞的基本知识

(一) 人民币的基本常识

人民币是指中国人民银行依法发行的货币,包括纸币和硬币。我国自1948年12月1日中国人民银行成立到今,已经发行了五套人民币。目前市面上流通的人民币以第五套为主,还有部分第四套人民币。本书主要介绍第五套人民币。

1. 第五套人民币的发行意义

为适应经济发展和市场货币流通的要求,1999年10月1日,在中华人民共和国建国50周年之际,中国人民银行陆续发行第五套人民币(1999年版)。第五套人民币继承了中国印制技术的传统经验,借鉴了国外钞票设计的先进技术,在防伪性能和适应货币处理现代化方面有了较大提高。各面额货币正面均采用毛泽东主席建国初期的头像,底衬采用了中国著名花卉图案,背面主景图案通过选用有代表性的寓有民族特色的图案,充分表现了中国悠久的历史和壮丽的山河,弘扬了中国伟大的民族文化。

2. 第五套人民币纸币的票面特征

(1) 第五套人民币纸币票面特征,如表4-1所示。

表4-1　　　　　　　　第五套人民币纸币票面特征

券别	图案		主色调
	正面	背面	
100元纸币	毛泽东头像	人民大会堂	红色

(续表)

券别	图案		主色调
	正面	背面	
50元纸币	毛泽东头像	布达拉宫	绿色
20元纸币	毛泽东头像	桂林山水	棕色
10元纸币	毛泽东头像	长江三峡	蓝黑色
5元纸币	毛泽东头像	泰山	紫色
1元纸币	毛泽东头像	西湖	橄榄绿

(2) 第五套人民币纸币图样,如图4-1至图4-6所示。

图4-1 第五套人民币100元纸币正面与反面

图4-2 第五套人民币50元纸币正面与反面

图4-3 第五套人民币20元纸币正面与反面

图 4-4　第五套人民币 10 元纸币正面与反面

图 4-5　第五套人民币 5 元纸币正面与反面

图 4-6　第五套人民币 1 元纸币正面与反面

延伸阅读 4-1

为什么第五套人民币中取消了 2 元券和 2 角券,增加了 20 元券

第五套人民币最突出的特点就是取消了 2 元券和 2 角券,增加了 20 元券。其主要原因是,随着物价水平的不断提高,2 元券和 2 角券的使用频率越来越低,取消这两个券种不但对流通无碍,而且还能节省印制费用。在商品交易中 10 元券已经逐步承担起找零的角色,相对其他面额的人民币来讲,10 元面额票券的使用量较多,致使客观上需要一种介于 10 元与 50 元面额之间的票券担当重任,以满足整个市场货币流通的需要。因此,为了使人民币的面额结构更加合理,增加了 20 元券。

3. 第五套人民币硬币的票面特征

(1) 第五套人民币硬币票面特征,如表 4-2 所示。

表 4-2　　　　　　　　　　第五套人民币硬币票面特征

券别	图案		材质	直径
	正面	背面		
1元硬币	行名、面额、拼音、年号	菊花	钢芯镀镍	25毫米
5角硬币	行名、面额、拼音、年号	荷花	钢芯镀铜合金	20.5毫米
1角硬币	行名、面额、拼音、年号	兰花	不锈钢	19毫米

（2）第五套人民币硬币图样，如图4-7至图4-9所示。

图4-7　第五套人民币1元硬币正面与反面

图4-8　第五套人民币5角硬币正面与反面

图4-9　第五套人民币1角硬币正面与反面

（二）假币的基本常识

假币是相对于真币而言的，是犯罪分子根据不同目的、采用不同手段非法制作，并利用多种途径非法投放市场的假的纸币和硬币。假币一般分为两大类：伪造币和变造币，统称为假币，一律收缴。

假人民币的流通,损害了人民币法定货币的地位和良好信誉,妨碍了人民币的正常流通,损害了广大人民群众的根本利益,因此对制造、运输、贩卖、使用假币的违法犯罪活动必须进行严厉打击。

1. 伪造币

伪造币是仿照人民币图案、形状、色彩等,采用各种手段制作的假人民币。根据伪造手段和方式的不同,伪造币主要有机制假币、复印假币、拓印假币、刻板印刷假币等几种类型。

2. 变造币

变造币是指在真币的基础上,采用挖补、揭层、涂改、拼凑、移位、重印等多种方法制作,改变真币原形态的假币。

会计职业道德 4-1

提高职业技能

提高技能要求会计人员提高职业技能和专业胜任能力,以适应工作需要。就会计职业而言,它包括会计实务操作能力,而会计实务操作能力包括会计人员的专业操作能力、操作的创新能力。点钞和验钞技能是每一个会计人员必须具备的基本业务能力,因此,要求每一个会计人员勤学苦练、刻苦钻研,提高自身的素质。

第二节 手工点钞技能

手工点钞依据指法不同可分为:手持式点钞方法和手按式点钞方法。

一、手持式点钞方法

手持式点钞方法根据指法不同可分为:单指单张点钞方法、四指四张点钞方法、五指拨动点钞方法和扇面式点钞方法等。

(一) 单指单张点钞方法

单指单张点钞就是在清点钞票时左手持钞、右手拇指一次捻动一张钞票,逐张清点的方法,是实际工作当中最常用的一种点钞方法,可用于收款、付款和整点各种新旧大小钞券。这种点钞方法的优点是:持票人持票所占的票面较小,视线可及票面的3/4,容易发现假币,挑残、破币也较方便。

1. 持钞

两手配合将钞票横立墩齐,左手平行于前胸、手心向下,中指、无名指分开,右手将钞票插入左手自然分开的两指中间,左手的食指、中指在钞票正面,无名指和小指在钞票背面,左手四个手指自然弯曲加紧钞票,做打扇面的准备,如图4-10和图4-11所示。

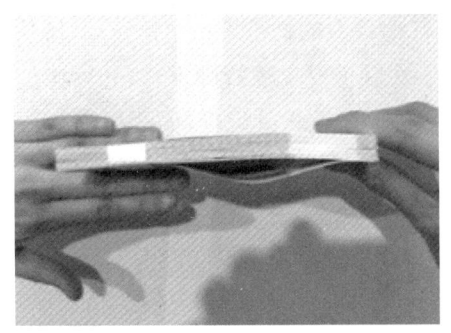
图 4-10 起钞

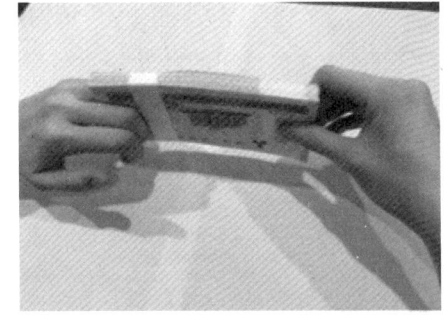
图 4-11 持钞

2. 拆把打扇面

(1) 用左手食指指尖勾断原扎在钞票上的腰条,如图 4-12 所示。

(2) 左手拇指横在钞票正面左内侧约占钞票 1/3 处,用力将钞票向上翻转推送,形成约 70°角的扇面,此时左手的拇指应与钞票呈 45°角,并轻轻挡住钞票,切忌紧捏钞票,如图 4-13 所示。

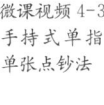

微课视频4-3
手持式单指
单张点钞法

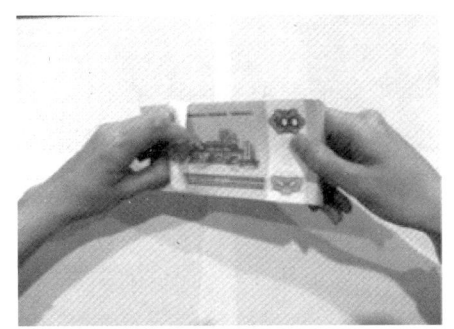
图 4-12 拆把

图 4-13 开扇

(3) 左手的食指自然伸直贴在钞票的背面,防止在捻点钞票时产生抖动,如图 4-14 所示。

3. 捻点钞票

(1) 左手手持钞票的正面应始终对着胸前,右手拇指和食指粘取点钞蜡。

(2) 右手食指自然贴在钞票背面右外侧扇面边缘处,并在捻钞时始终做到贴住而不移开,如图 4-14 所示。

(3) 右手拇指则轻轻按在钞票正面右上角,与右手食指一起捏住少量钞票,如图 4-14 所示。捻钞时应用右手拇指接近指尖的部位,而不能用中间部位,因为指尖部位接触纸张的面积较小,手指基本上是在一个位置上往返捻点,所以频率快,容易提高点钞速度,而中间部位接触面大,会导致捻钞幅度增大影响捻钞速度。

（4）捻钞的角度应与票面呈 45°角,并与在钞票背面的食指来回摩擦捻动,每捻开一张,右手无名指在被捻出的钞券背面轻轻弹拨一次。重复上述捻弹动作,并逐步加快捻钞、弹钞频率,尽量缩小捻弹动作的幅度,最终达到匀速连贯的程度,如图 4-15 所示。

图 4-14 捻钞

图 4-15 点钞

4. 记数

记数与清点同时进行。在点数速度快的情况下,往往由于记数迟缓而影响点钞的效率,因此记数应该采用分组记数法。把 10 记作 1,表示已经点完 10 张;把 20 记作 2,表示已经点完 20 张。即 1、2、3、4、5、6、7、8、9、"1"(10),1、2、3、4、5、6、7、8、9、"2"(20),以此类推,数到 1、2、3、4、5、6、7、8、9、"10"(100)时,即为 100 张(一把)。采用这种记数方法既简单又快捷,但记数时要默记,不要念出声,做到脑、眼、手密切配合,既准又快。

（二）四指四张点钞方法

四指四张点钞法是指点钞时用小指、无名指、中指、食指依次捻下一张钞票,一次清点四张钞票的方法,也叫四指拨动点钞法。这种点钞法适用于收款、付款和整点工作,不仅省力、省脑,而且效率高,能够逐张识别假钞票和挑剔残破钞票。

1. 持钞

将待点钞票竖立,右手握住钞票的右端,左手手心面向自己,左手无名指和中指分开,夹住钞票最左上端,右手将钞票弯曲成弧形,左手大拇指轻轻压住,食指靠在钞票的上端,右手大拇指将钞票右下端轻轻捏成弧形,如图 4-16 和图 4-17 所示。

图 4-16 持钞

图 4-17 开扇

2. 捻点钞票

右手拇指往弧形上靠,小指、无名指、中指、食指在钞票的右下端轻轻捻动、放开,一次四张,一百张共需点 25 次,如图 4-18 所示。

3. 记数

采用自然记数法,右手手指每转动一次(即四张)记数增加一次,以此类推,直至清点完毕,张数乘以 4,即为所点钞票张数。

图 4-18　四指连拨

(三) 五指拨动点钞方法

五指拨动点钞方法,就是使用右手拇指、食指、中指、无名指、小指依次拨动钞票,拇指顺时针、其他手指逆时针旋转,每指一张,一次清点五张的方法。

1. 持钞

五指拨动的持钞方法与四指四张的持钞方法相同。

2. 捻点钞票

(1) 右手从拇指开始,依次按食指、中指、无名指、小指的顺序与钞票发生摩擦。

(2) 右手拇指与钞票左边缘上 1/4 处发生摩擦,做顺时针旋转动作。

(3) 依次按食指、中指、无名指、小指的顺序与钞票右上角发生摩擦,做逆时针旋转动作。

3. 记数

采用自然记数法,右手五指每转动一次(即五张)记数增加一次,以此类推,直至清点完毕,张数乘以 5,即为所点钞票张数。

(四) 扇面式点钞方法

把钞票捻成扇面状进行清点的方法叫**扇面式点钞法**。这种点钞方法速度快,是手工点钞中效率最高的一种。但缺点是清点时往往只看票边,票面可视面极小,不便挑剔残破券和鉴别假票,不适用整点新、旧、破混合的钞券,只适合清点新票币。

1. 持钞

左、右手在钞票下方 1/4 处,两拇指在前,左手拇指在下,右手拇指在上,双手四指略微交叉置于钞票背面下端,右手虎口在钞票右侧 1/3 处,如图 4-19 所示。

2. 打扇面

以左手拇指为轴心,利用右手掌及背部四指将钞票向胸前左下方压弯后再猛向右后方甩角,食指、中指在票面后轻拉钞票向右旋转。以上动作重复 2~4 次,直至完成扇面的推挤工作,成扇形后左手持钞,如图 4-20 所示。

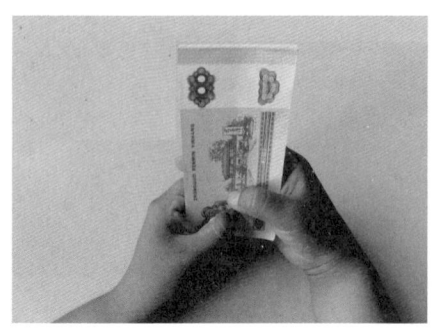

图 4-19 持钞

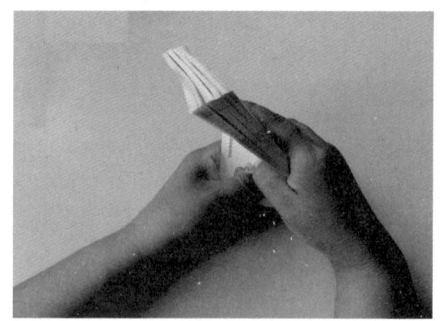

图 4-20 开扇 1

3. 捻点与记数

左手持钞,右手大拇指与食指交替按压扇形右上角每指五张或十张,每交替一次记数加 1,直至清点完毕后乘以 5 或 10,即为所点钞票张数,如图 4-21 所示。

图 4-21 开扇 2

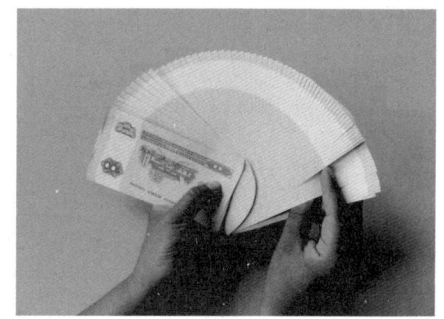

图 4-22 点钞

二、手按式点钞方法

手按式点钞法是将钞票按放在桌面上进行清点的点钞方法。这是一种传统的点钞方法。在我国流传甚广,它适用于收、付款和整点各种新旧大小钞券。由于这种点钞方法逐张清点,看到的票面较大,便于挑剔损伤券,特别适宜于清点散把钞券和辅币及残破券多的钞券。

手按式点钞方法的具体操作方法如下:

(1) 左手无名指、小拇指按住钞票的左上角,用右手拇指托起部分钞票的右上角,如图 4-23 所示。

(2) 右手食指捻动钞票,每捻动一张,左手拇指往上推动送至左手食指、中指之间夹住,即完成了一次点钞动作,以后依次连续操作,如图 4-24 所示。

图 4-23 起钞

图 4-24 捻钞

三、钞票的捆扎技术

钞票捆扎主要就是扎把,扎把的方法有缠绕式和扭结式两种,其中最常用的是缠绕式。下面主要介绍缠绕式的操作方法与技巧。

(一) 缠绕式

临柜收款采用此种方法,需使用牛皮纸腰条,其具体操作方法介绍如下:

(1) 将清点过并墩齐的钞票正面向内横立。

(2) 左手握钞,拇指以钞票的左侧1/2处捏在钞票的正面,其余四指在后,如图4-25所示。

(3) 左手食指移到上侧边缘将钞票分成一条缝,右手拇指、食指提腰条,将腰条的一头插入钞票中间(离一端1/3至1/4处),如图4-26至图4-28所示。

(4) 左手拇指向外、四指向内用力,将票面压成向内的一个弧度,如同瓦状。

(5) 右手食指和中指并拢拉住腰条,以手指为中心,由里向外缠绕两圈,至正面顶端时,右手拇指在腰条前,食指在腰条后,将腰条向右折叠90°,然后用食指将腰条尾端塞入圈内,绕捆在钞票腰条,转两圈打结。如图4-29至图4-32所示。

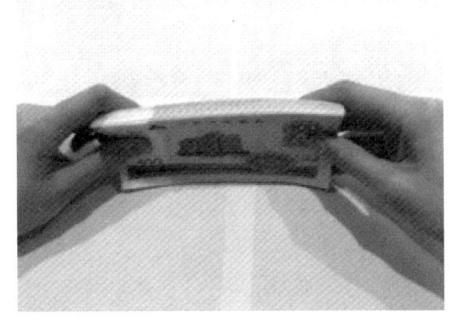

图 4-25 墩齐

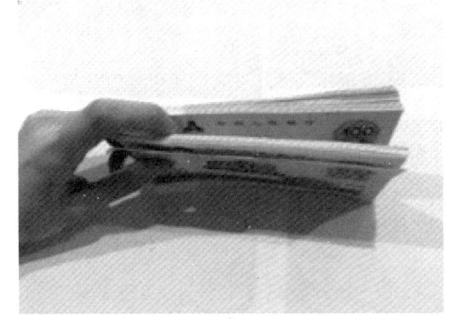

图 4-26 持钞

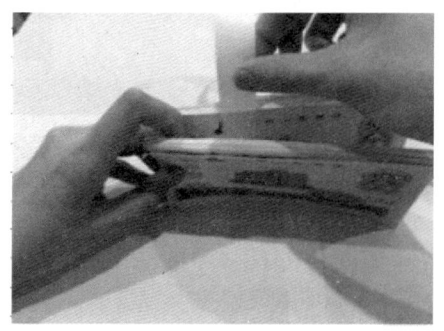

图4-27 插入扎把条

图4-28 固定扎把条

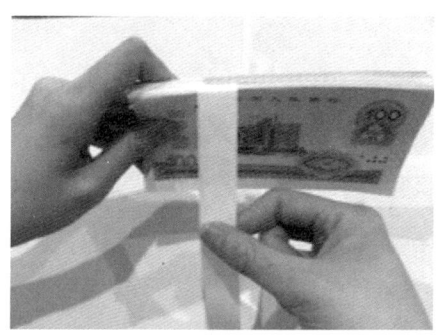

图4-29 从里向外缠绕

图4-30 缠绕一周后拉紧

图4-31 正面顶端向右折叠90度

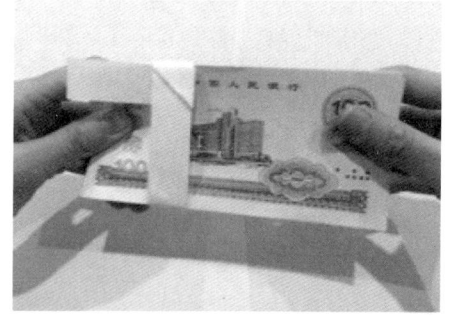

图4-32 绕捆腰条一圈后

(6) 整理钞票,在钞票的侧面腰条加盖名章。

技巧提示 4-2

扎把是点钞的一道重要程序,有一定的技术要求和质量标准,既要扎得快,又要扎得紧。一般以每两秒扎一把为快,成把后最上面的一张用手自然提起抽不出为紧。

（二）扭结式

考核、比赛采用此种方法，需使用绵纸腰条，其具体操作方法如下：

（1）将清点过并墩齐的钞票正面向内横立。

（2）左手握钞，使之成为瓦状。

（3）右手将腰条从钞票凸面放置，将两腰条头绕到凹面，左手食指、拇指分别按住腰条与钞票厚度交界处。

（4）右手拇指、食指夹住其中一端腰条头，中指、无名指夹住另一端腰条头，并合在一起，右手顺时针转180°，左手逆时针转180°，将拇指和食指夹住的那一头从腰条与钞票之间绕过、打结。

（5）整理钞票，在钞票的侧面腰条加盖名章。

第三节 机器点钞技能

机器点钞就是使用点钞机整点钞票以代替手工整点。由于机器点钞代替手工点钞，对提高工作效率，减轻出纳人员劳动强度，改善临柜服务态度，加速资金周转都有积极的作用。随着金融事业的不断发展，出纳的收付业务量也日益增加，机器点钞已成为银行出纳点钞的主要方法。

一、点钞机的一般常识

点钞机是一种自动清点钞票数目的机电一体化装置，一般带有伪钞识别功能，是集计数和辨伪钞票功能为一体的机器。由于现金流通规模庞大，银行出纳柜台现金处理工作繁重，点钞机已成为不可缺少的设备。

（一）点钞机的种类

（1）点钞机根据功能可分为全智能型点钞机、半智能型点钞机和普通型点钞机。

（2）点钞机根据形式可分为卧式点钞机、立式点钞机、吸气式点钞机等。

（二）点钞机的组成

点钞机由捻钞、计数和传送整钞三大部分组成。

（1）捻钞部分由下钞斗和捻钞轮组成。其功能是将钞券均匀地捻下送入传送带。

（2）计数部分（以电子计数器为例）由光电管、灯泡、计数器和数码组成。捻钞轮捻出的每张钞券通过光电管和灯泡后，由计数器记忆并将光电信号轮换到数码管上显示出来。

（3）传送整钞部分由传送带、接钞台组成。传送带的功能是传送钞券并拉开钞券之间的距离，加大票币审视面，以便及时发现损伤券和假币。接钞台是将落下的钞券堆放整齐，为扎把做好准备。

二、点钞机的使用方法

(一) 点钞前的准备工作

1. 放置好点钞机

将点钞机平放在桌面正前方,离胸前约 30 厘米。

2. 放置好钞券和工具

机器点钞多是连续作业,速度较快,因此,为保证点钞时的准确性,一般将待点钞票按面值从大到小或从小到大依次放于点钞机右侧,切忌大小票据夹杂摆放;清点无误并捆扎完的钞票放在机器的左侧;腰条应横放在点钞机前即靠近点钞员胸前的那一侧,其他各种用具放置要适当、顺手。

3. 试机

打开电源,检查捻钞轮、传送带、接钞台运行是否正常,灯泡、数码管显示是否正常。

(二) 点钞机的操作程序

点钞机的操作程序与手工点钞操作程序基本相同。

1. 持钞拆把

(1) 用右手从机器右侧拿起钞券,右手拇指与中指、无名指、小指分别捏住钞券两侧,拇指在里侧、其余三指在外侧,将钞券横捏成瓦形,食指弯曲勾断腰条。

(2) 右手拇指和其余四指分别捏住钞券正反面,使钞券弹回原处并自然形成微扇面,这样即可将钞券放入下钞斗。

2. 点数

(1) 将钞券放入下钞斗,通过捻钞轮自然下滑到传送带,记数后落到接钞台。

(2) 下钞时,点钞员眼睛要注意传送带上的钞券面额,看钞券是否夹有其他票券、残损券、假钞等,同时要观察数码显示情况。一般当假钞通过时点钞机会自动鸣笛,停止运转。

3. 捆钞

(1) 当下钞斗和传送带上的钞券下张完毕时,左手迅速取出。一把点完,计数为百张,即可扎把。扎把时,左手拇指在钞券上面,手掌向上,将钞券从按钞台里拿出,把钞券墩齐后进行扎把。

(2) 如反映的数字不为"100",必须重新复点。在复点前应先将数码显示置"00"状态并保管好原把腰条纸。如经复点仍是原数,又无其他不正常因素时,说明该把钞券张数有误,即应将钞券连同原腰条一起用新的腰条扎好,并在新的腰条上写上差错张数,另作处理。

4. 盖章

复点完全部钞券后,点钞员要逐把盖好名章。盖章时要做到先轻后重,整齐、清晰。

技巧提示 4-3

机器点钞的操作程序

由于机器点钞速度快,要求清点人员两手动作要协调,各个环节要紧凑,拆把、下钞、取钞、扎把等动作要连贯;左、右手分工明确,当右手将一把钞券放入下钞斗后,马上拆开第二把,准备下钞,眼睛注意观察传送带上的钞券及计数器情况。

第四节 验钞技能

相关案例 4-1

使用假币的4种伎俩

(1) 瞒天过海:持100元假币到店面购买小额商品,换取真钞。

(2) 浑水摸鱼:购买商品时,混进数张假币,尤其以10元或20元面额居多。

(3) 偷梁换柱:挑选商品后,以各种理由表示对商品不满意,索回事先付给卖家的真钞,随后又说愿意购买,把事先准备的假币支付给卖家。

(4) 暗度陈仓:见卖家对假币验钞时,故意靠近验钞机打手机——处于通话状态的手机发出的辐射,可使验钞机验不出假币。

面对当前使用假币的各种伎俩,财会人员又应如何应对呢?

本书重点以第五套人民币100元为例介绍纸币的防伪特征。

一、第五套人民币100元纸币的防伪特征(见图4-33)

1. 光变油墨面额数字

票面正面左下方,印有绿色100字样,将垂直观察的票面倾斜到一定角度时,该字样会由绿色变成蓝色。

2. 冠字号

其采用两位冠码、八位号码,100元纸币票面正面采用横竖双号码印刷,横号码为黑色,竖号码为蓝色和红色,横竖号码均排列整齐且具有磁性特征。

3. 固定人像水印

票面正面左侧空白处,迎光透视,可看到立体感很强的毛泽东头像。

4. 胶印缩微文字

票面正面左上角胶印图案中,印有缩微文字,在放大镜下,可清晰地看到RMB100的字样。

5. 全息磁性开窗安全线

票面正面中间偏左有一条开窗安全线,迎光透视,可以看到上面有微缩文字,仪器

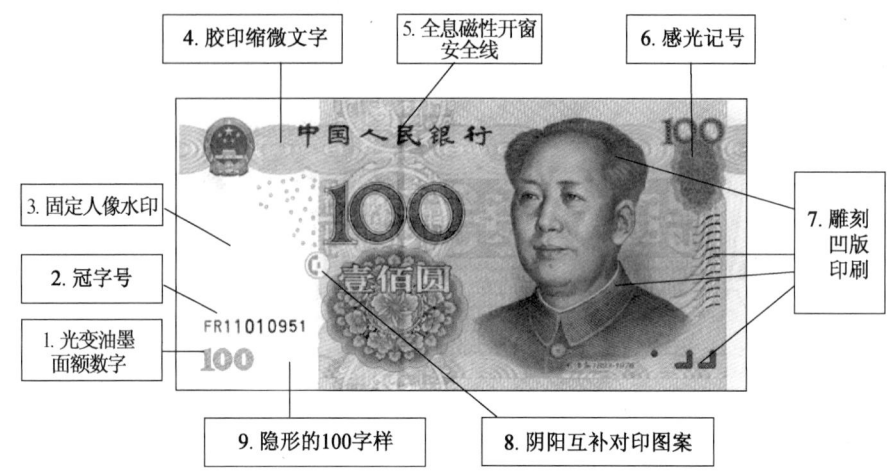

图 4-33 第五套人民币 100 元纸币的防伪特征

检测有磁性。

6. 感光记号

票面正面右上角有一椭圆形装饰图案,将票面放的和眼睛接近平行的位置,面对光源旋转 45°或 90°,即可看到隐形面额数字 100 的字样。

7. 雕刻凹版印刷

票面人像头发、衣领、正面右下角的盲文点、正面右侧雕刻凹版等,用手触摸有凹凸感,用手指来回抚摸时发涩。

8. 阴阳互补对印图案

位于票面正面中间偏左处,图案清晰,色彩鲜艳,两幅图准确对接,组合成一个完整的古钱币图案。

9. 隐形 100 字样

位于票面正面左下角,迎光透视,即可看到隐形面额数字 100 的字样。

 延伸阅读 4-2

1999 版与 2005 版 100 元人民币的新发现

1999 版 100 元人民币毛泽东头像的衣服扣子缝法是双线平行,而 2005 版 100 元人民币毛泽东头像衣服的扣子缝法则是双线交叉的。现在造的 2005 版 100 元假币都是在 1999 版基础上造的假,这点区别连中国人民银行都没有公布,而是一个普通老百姓发现的。当您拿到 2005 版人民币,用放大镜照一下衣服扣子,如果是双线平行的,那肯定是假币。

二、识别真假人民币的基本技巧

识别人民币的真伪,通常采用"一看、二摸、三听、四测、五量"的方法。

1. 眼看法

用眼看整张票面图案是否单一或偏色,钞面图案色彩是否鲜艳、线条是否清晰、对接图案是否对接完好,无留白或空隙,具体包括:看水印,看安全线,看阴阳互补对印图案,看感光记号,看胶印缩微文字,看光变油墨面额数字,看隐形面额数字。

2. 手摸法

一摸钞票的纸质。人民币是采用特种材料,用专用设备抄造而成的,其纸质表面光滑、厚薄均匀,纸张挺括,手感好。二摸钞票人像、行名、面额数字、盲文面额标记、深色花边等,用手触摸有凹凸感,用手指来回抚摸时发涩,假钞多采用平版胶印或复印机复印,墨层薄,用手指抚摸平滑。

3. 耳听法

即对于六成新以上的钞票,用手抖、甩、弹,使其发出声响,根据声音来分辨人民币真伪。真钞的纸张,具有挺括、耐折、不易撕裂的特点。手持钞票用力抖动、手指轻弹或两手一张一弛轻轻对称拉动,能听到清脆响亮的声音,而假钞声音发闷,不耐揉折。

4. 仪器检测法

借助一些简单工具和专用仪器来分辨人民币真伪。

(1) 借助放大镜:可以观察票面线条清晰度,胶、凹印缩微文字等。

(2) 用紫外灯:光照射钞票后,可以观察钞票纸张和油墨有无荧光反应。

(3) 用磁性检测仪:可以检测黑色横号码的磁性。

5. 尺量法

用尺子衡量钞票的规格尺寸,真人民币的尺寸十分严格,精确到以毫米计。

知识链接 4-1 中国人民银行货币鉴别及假币收缴鉴定管理办法

 延伸阅读4-3

日常生活中发现假币的处理方法

1. 公民发现假币应如何处理

(1) 误收假币,不应再使用,应上缴当地银行或公安机关。

(2) 看到别人大量持有假币,应劝其上缴,或向公安机关报告。

(3) 发现有人制造、买卖假币,应掌握证据,向公安机关报告。

2. 银行收缴假币应如何操作

根据《中华人民共和国人民币管理条例》,应由两名以上柜员当面予以收缴,在假币上加盖"假币"印章,向持有人出具由中国人民银行统一印制的收缴凭证,并告知持有人可向中国人民银行或由中国人民银行授权的国有独资商业银行申请鉴定。

3. 谁有权没收、收缴假币

根据《中华人民共和国人民币管理条例》,公安机关和中国人民银行有权没收假币,办理人民币业务的金融机构可以收缴假币。除以上单位,其他任何单位和个人,均无权没收和收缴假币。

4. 哪些金融机构可以鉴定货币真伪

根据《中华人民共和国人民币管理条例》，中国人民银行以及由中国人民银行授权的工商银行、农业银行、中国银行、建设银行可以进行货币真伪鉴定。

5. 对银行收缴假币有异议怎么办

根据《中华人民共和国人民币管理条例》，持有人可以与收缴单位商定，到共同确定的由中国人民银行授权的工商银行、农业银行、中国银行、建设银行进行货币真伪鉴定，并由收缴单位将收缴币通过内部渠道传达到这家银行机构。经鉴定是假币的，由鉴定机构予以没收；经鉴定是真币的，由鉴定单位予以兑换，并将真币返还持币人。

资料来源——中国人民银行成都分行。

第五节 电子货币

一、电子货币的含义

自 20 世纪 70 年代以来，在新技术革命的推动下，出现了电子货币。**电子货币是以电子计算机、现代通信为基础，以各种交易卡为载体，通过电子信息转账系统贮存和转移的货币。** 电子货币具有转移迅速、安全和节约费用等优点，虽与存款货币并无本质区别，但却是现代商品经济高度发达和银行结算技术不断进步的产物，也反映了支付手段的进化。

二、电子货币的特点

(1) 以电子计算机技术为依托，进行储存、支付和流通。
(2) 可广泛应用于生产、交换、分配和消费领域。
(3) 融储蓄、信贷和非现金结算等多种功能为一体。
(4) 电子货币具有使用简便、安全、迅速、可靠的特征。
(5) 现阶段电子货币的使用通常以银行卡（磁卡、智能卡）为媒体。

三、电子货币的交易流程

在电子商务中，银行是连接生产企业、商业企业和消费者的纽带，起着至关重要的作用，银行是否能有效地实现电子支付已成为电子商务成败的关键。以一个简单的网上交易流程为例，如图 4-34 所示。

电子货币的网上交易流程：
(1) 买方向卖方发出购物请求。
(2) 卖方将买方的支付指令通过支付网关送往卖方的收单行。
(3) 收单行通过银行卡网络从发卡行获得授权许可，并将授权信息再通过支付网关

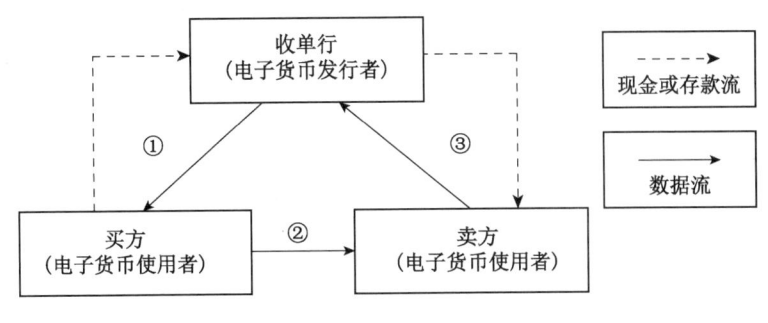

图 4-34　网上交易流程图

送回卖方；卖方取得授权后，向买方发出购物完成信息。如果支付获取与支付授权不能同时完成，卖方还要通过支付网关向收单行发送支付获取请求，把该笔交易的资金由买方转账到卖方的账户中。银行与银行之间通过支付系统完成最后的行间结算。

从上述交易流程不难发现，网上交易可以分为交易环节和支付结算环节两大部分，其中支付结算环节又由包括支付网关、发单行和发卡行在内的金融专业网络完成的。因此，离开了银行，便无法完成网上交易的支付，从而也谈不上真正的电子商务。

四、电子货币的种类

（一）储蓄卡

储蓄卡是发卡银行根据持卡人要求将其资金转至卡内储存，交易时直接从卡内扣款的预付钱包式借记卡。储蓄卡用以支付小额花费，通常用在公共服务方面，如公交卡和电话卡等。

（二）信用卡

信用卡是银行或其他财务机构签发给那些资信状况良好的人，用于在指定的商家购物和消费，或在指定银行机构存取现金的特制卡片，是一种把支付与信贷两项银行基本功能融为一体的业务。它是银行提供给用户的一种先消费后还款的小额信贷支付工具。

 延伸阅读 4-4

信用卡的产生

信用卡作为电子货币的主要形式，20 世纪初起源于美国。它最早是由商家发行的。商家们为了推销商品的需要，刺激购买，有选择地向一些讲信誉的客户发放了一种信用筹码，客户可以凭借这种筹码，先赊购商品，然后再用现金或是银行存款转账等来支付款项。后来，这种筹码被演变成小小的塑料卡片，也就有了现代信用卡的雏形。由此看来，信用卡不过是一种赊购商品的许可证，最后完成交易，还是需要用支付现金或是银行存款转账等实质付款形式。

（三）电子支票

（1）**电子支票**是客户向收款人签发的无条件的数字化支付指令，是一种借鉴纸质支票转移支付的优点，利用数字传递将钱款从一个账户转移到另一个账户的电子付款形式。

（2）电子支票的使用过程：无论个人或企业，负有债务的一方，签发支票或其他票据，交给有债权的一方，以结清债务，约定的日期到来时，持票人将该票据原件提交给付款人，即可领取到现金。

（四）电子现金

（1）**电子现金**是一种表示现金的加密序列数，它可以用来表示现实中各种金额的币值。随着基于纸张的经济向数字经济的转变，电子现金将成为主流。

（2）特点：匿名性、节省交易费用、节省传输费用、持有风险小、支付灵活方便、防伪造及防重复性、不可跟踪性。

（3）种类：主要有两种，一种是基于 Internet 网络环境使用的且将代表货币价值的二进制数据保管在微机终端硬盘内的电子现金；一种是将货币价值保存在 IC 卡内并可脱离银行支付系统流通的电子钱包。

（五）电子钱包

电子钱包是电子商务活动中网上购物顾客常用的一种支付工具，是在小额购物或购买小商品时常用的新式钱包。使用电子钱包的顾客通常在银行里都是有账户的。在使用电子钱包时，将有关的应用软件安装到电子商务服务器上，利用电子钱包服务系统就可以把自己在电子货币或电子金融卡上的数据输入进去。在进行付款时，如果顾客要用电子信用卡付款，例如，用 Visa 卡或者 Mastercard 卡等收、付款时，顾客只要单击一下相应项目或相应图标即可完成，人们常将这种支付方式称为单击式或电击式支付方式。当今世界上有 VisaCash 和 Mondex 两大电子钱包服务系统，其他电子钱包服务系统还有 MasterCardCash、EuroPay 的 Clip 和比利时的 Proton 等。

 延伸阅读 4—5

虚拟货币

虚拟货币是指非真实的货币。知名的虚拟货币如百度公司的百度币，腾讯公司的 Q 币、Q 点，盛大公司的点券，新浪推出的微币（用于微游戏、新浪读书等），侠义元宝（用于侠义道游戏），纹银（用于碧雪情天游戏），2013 年流行的数字货币有比特币、莱特币、无限币、夸克币、泽塔币、烧烤币、便士币（外网）、隐形金条、红币、质数币。目前全世界发行有上百种数字货币。圈内流行"比特金、莱特银、无限铜、便士铝"的传说。

思考：虚拟货币目前是否具有真实价值？虚拟货币与其他电子货币有何区别和联系？

本章小结

本章主要学习:点钞技术的意义;点钞的基本程序和基本要领;单指单张、四指四张、五指拨动、扇面式、手按式等不同的手工点钞方法;机器点钞方法;人民币的基本常识,假币的基本常识;第五套人民币 100 元纸币的防伪特征;电子货币的含义、特点、交易流程和种类。

本章重要概念

点钞　变造币　伪造币　单指单张点钞法　四指四张点钞法　五指拨动点钞法　扇面式点钞法　手按式点钞法　点钞机　电子货币

思考与练习

1. 简要回答手工点钞的基本工序和基本要求。
2. 什么是假币?伪造假币和变造假币有何不同?
3. 在日常生活和经济工作中,手工鉴别假币时最常用的方法有哪些?

第五章 常见原始凭证的认知与填制

- 内容提要
- 重点难点
- 学习目标
- 知识框架
- 思政育人
- 第一节 原始凭证的种类与内容
- 第二节 银行结算凭证的认知与填制
- 第三节 现金收付业务常见凭证的认知与填制
- 本章小结
- 本章重要概念
- 思考与练习

内容提要

本章主要讲解原始凭证的含义、内容、种类;原始凭证的填制要求;银行结算凭证的认知与填制;现金收付业务常见凭证的认知与填制。

重点难点

本章重点是银行结算凭证的认知与填制、现金收付业务常见凭证的认知与填制;难点是银行结算凭证的实践应用。

微课视频5-1
第五章常见原始凭证的认知与填制学习导引

学习目标

通过本章学习,学生应了解银行结算的含义;理解原始凭证的含义、内容及种类;掌握支票等常见原始凭证的认知与填制。

知识框架

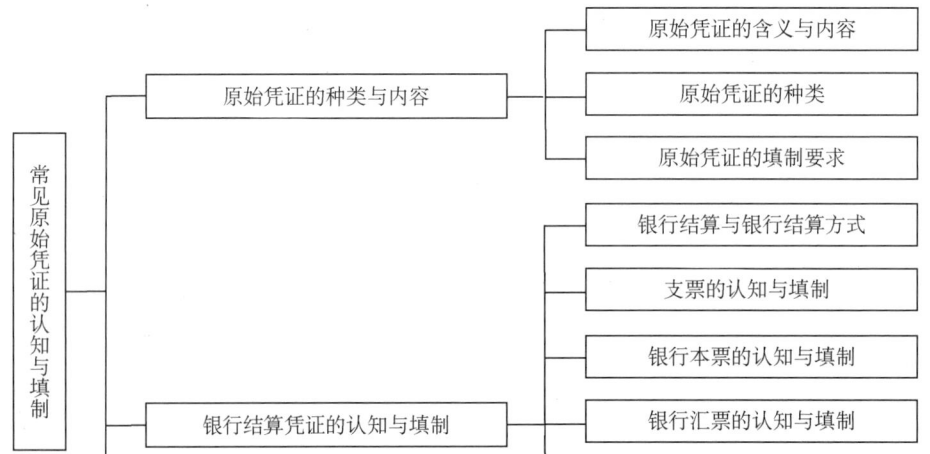

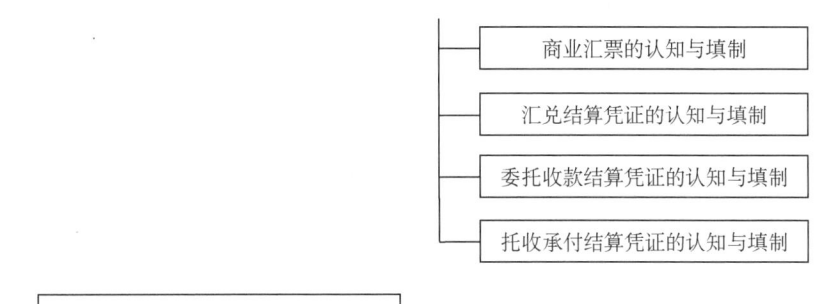

思政育人

2018年下半年开始,某公司向液化气供货商先后采购了两万余元液化气,双方合同履行顺利未见纠纷。2019年3月12日,该公司突然收到法院传票。原来,液化气供货商一纸诉状将其告上了法庭,要求支付货款5万余元。在审理中,被告承认供货事实,但称已经支付了该笔货款,并提供原告给其开具的发票为证。原告却提出发票上加盖的发票专用章不是该公司的,并拿来了发票专用章当庭对照。这时,被告才发现发票上发票专用章的液化气供货商名称"北京市××液化气站"比原告名称"北京市××石油液化气站"少了"石油"两个字。

北京东城法院认为,根据法律规定,当事人对自己提出的主张有责任提供证据,否则要承担举证不能的不利后果。此案被告既然主张支付了货款,就应提供有效证据,现发票所盖印章名称与供货商名称不符,即无法认定系原告开出,而被告又无其他证据证实该发票的真实性,所以因证据不足,对被告的抗辩不予采信。最后,法院判决该公司应向液化气供货商支付了全部货款。

承办法官提示,在公司财务管理制度中,发票是作为付款的唯一有效的原始凭证,所以公司的财务人员在支付货款时,对发票的任何项目都应仔细审查,如果取得了伪造或无效发票,经济损失就不可避免了。

通过上述案例,请同学们思考:什么是原始凭证?原始凭证有何用途?企业应如何填制与审核原始凭证?

【思政寄语】

弘扬社会主义法治精神,传承中华优秀传统法律文化,引导全体人民做社会主义法治的忠实崇尚者、自觉遵守者、坚定捍卫者。

第一节 原始凭证的种类与内容

一、原始凭证的含义与内容

(一)原始凭证的含义

原始凭证是企业在经济业务发生时取得或填制,载明经济业务具体内容和完成情况的书面证明。它是进行会计核算的原始资料和主要依据。

(二)原始凭证的基本内容

(1)原始凭证的名称。

(2)填制凭证的日期及编号。

(3)接受凭证的单位名称。

(4)经济业务的数量和金额。

(5)填制凭证单位的名称和有关人员的签章。

(6)其他补充内容等。

二、原始凭证的种类

不同的经济业务需要填制不同的原始凭证,因此,原始凭证的种类多样。根据不同的分类标准和要求,原始凭证可以进行不同的分类,如图5-1所示。

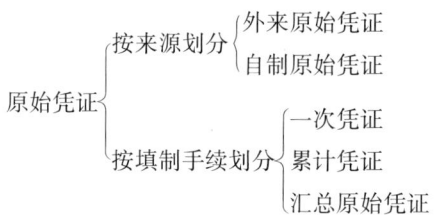

图 5-1 原始凭证的分类

(一)按来源不同,可分为外来原始凭证和自制原始凭证

1. 外来原始凭证

外来原始凭证是指在经济业务发生时,从其他单位或个人取得的凭证。例如,购买商品取得的发票,银行开来的收款或付款通知等都属于外来原始凭证。

2. 自制原始凭证

自制原始凭证是由本单位经办业务的部门和人员在执行或完成某项经济业务时所填制的凭证。例如,购入材料入库时填制的收料单(见表5-1)、领用材料物资时的领料单等。

表 5-1　　　　　　　　　　　华夏有限责任公司
　　　　　　　　　　　　　　　　收　料　单

供应单位:富华公司　　　　　　　　　　　　收料仓库:2号仓库

发票号码:30000088　　　　2023年12月05日　　　　　　第0058号

材料编号	材料名称	规格	单位	数量		单价	采购费用		金额(元)	
				应收	实收		运费	其他	单位成本	总成本
306	生铁	M1	吨	20	20	4 500	1 000		4 550	91 000
405	铜	C2	吨	30	30	8 000	600		8 020	240 600
合计										331 600

仓库负责人:田力　　　验收:孙明　　　采购:张弛　　　制单:刘飞

(二)按填制手续的不同,分为一次凭证、累计凭证和汇总原始凭证三种

1. 一次凭证

一次凭证是指只记载一项经济业务或同时记载若干项同类经济业务,填制手续一次完成的凭证。例如,入库单、领料单等都是一次凭证。一次凭证只能反映一笔经济业务的内容,使用方便灵活,但数量较多,核算较为麻烦。

2. 累计凭证

累计凭证是指连续记载一定时期内不断重复发生的同类经济业务,填制手续是在一张凭证中多次进行才能完成的凭证。例如,限额领料单,如表5-2所示。

表5-2

华夏有限责任公司

限额领料单

领料单位:生产车间　　　　　　　　　　　　　　　　　　　　　发料仓库:2号仓库

用途:制造A产品　　　　　　　　2023年12月　　　　　　　　第0018号

材料编号	材料名称	规格	单价(元/千克)	领料限额(千克)	全月实领	
					数量(千克)	金额(元)
306	生铁	M1	4.55	1 000	900	4 095
领用日期	请领数量	实发数量	累计数量	限额结余	发料人	领料人
12.05	400	400	400	600	孙明	陈晨
12.15	300	300	700	300	孙明	陈晨
12.25	200	200	900	100	孙明	陈晨

生产计划部门负责人:王莉　　　供应部门负责人:李田　　　仓库负责人:田力

3. 汇总原始凭证

汇总原始凭证是根据许多同类经济业务的原始凭证定期加以汇总而重新编制的凭证。例如,发料凭证汇总表(见表5-3)。

表5-3

华夏有限责任公司

发料凭证汇总表

2023年12月　　　　　　　　　　　　　　　　　　　　　　　第0020号

用途(借方科目)	材料类别				合计
	原料及主要材料	辅助材料	燃料	修理用备件	
生产成本					
制造费用					
管理费用					
销售费用					
合计					

复核:田力　　　编制:刘飞

三、原始凭证的填制要求

由于原始凭证的种类不同,其具体填制方法和填制要求也不尽一致,但就原始凭证应反映经济业务、明确经济责任而言,原始凭证的填制有其一般要求。为了确保会计核算资料的真实、正确并及时反映,应按下列要求填制原始凭证。

(一) 真实可靠

原始凭证中应填写的项目和内容必须真实、正确地反映经济业务的原貌。无论日期、内容、数量和金额都必须如实填写,不能以估算和匡算的数字填列,更不能弄虚作假,改变事实的真相。

(二) 内容完整

原始凭证中规定的项目都必须填写齐全,不能缺漏。文字说明和数字要填写清楚、整齐和规范,凭证填写的手续必须完备。

(1) 凡是填有大写和小写金额的原始凭证,大写与小写金额必须相符。

(2) 购买实物的原始凭证,必须有验收证明。购入后,需按规定办理验收手续,需要入库的实物必须填写入库验收单。

(3) 支付款项的原始凭证,必须有收款单位和收款人的收款证明。

(4) 一式多联的原始凭证,应当注明各联的用途,并且只能以一联作为报销凭证。一式多联的发票和收据,必须使用双面复写纸(本身具备复写纸功能的除外)套写,不同联次必须一次性填写完毕,并连续编号,不得跳号填写。

(三) 书写清楚,格式规范

(1) 原始凭证要用蓝色或黑色笔书写,字迹清楚、规范。填写支票必须使用碳素笔,属于需要套写的凭证,必须一次套写清楚。

(2) 原始凭证中金额的填写要符合要求。阿拉伯数字应一个一个地写,不得连笔写。阿拉伯金额数字前面应写人民币符号"￥"。人民币符号"￥"与阿拉伯金额数字之间不得留有空白。凡阿拉伯数字前写有人民币符号"￥"的,数字后面不再写"元"字。所有以元为单位的阿拉伯数字,除特殊情况外,一律填写到角分。无角分的,角位和分位可写"00"或符号"一";有角无分的,分位应写"0",不得用符号"一"代替。大写金额有分的,后面不加整字,其余一律在末尾加"整"字,大写金额前还应加注币值单位,注明"人民币""美元""港币"等字样,且币值单位与金额数字之间,以及各金额数字之间不得留有空隙。

(3) 汉字大写金额数字,一律用正楷字或行书字书写,如壹、贰、叁、肆、伍、陆、柒、捌、玖、拾、佰、仟、万,不得用一、二(两)、三、四、五、六、七、八、九、十、毛、另(或 0)等字样代替,不得任意自造简化字。

(4) 阿拉伯金额数字中间有"0"时,汉字大写金额要写"零"字,例如"￥101.50",汉字大写金额应写成"人民币壹佰零壹元伍角整"。阿拉伯金额数字中间连续有几个"0"

时,汉字大写金额中可以只写一个"零"字,如"￥1 004.56",汉字大写金额应写成"人民币壹仟零肆圆伍角陆分"。阿拉伯金额数字元位是"0"或数字中间连续有几个"0",元位也是"0",但角位不是"0"时,汉字大写金额可只写一个"零"字,也可不写"零"字,如"￥1 320.56",汉字大写金额应写成"人民币壹仟叁佰贰拾元零伍角陆分,或人民币壹仟叁佰贰拾元伍角陆分"。

(5)各种凭证不得随意涂改、刮擦、挖补,若填写错误,应采用规定方法予以更正。对于重要的原始凭证,如支票以及各种结算凭证,一律不得涂改。对于预先印有编号的各种凭证,在填写出现错误后,要加盖"作废"戳记,并单独保管。

(四)原始凭证的签章

原始凭证在填制完成后,经办人员和有关责任人员都要认真审核并签章,对凭证的真实性、合法性负责。一些重大的经济业务,还应经过本企业负责人签章。例如,出纳在办理完款项收付后,除签章以明确经济责任外,还应立即加盖"收讫"或"付讫"戳记。

(五)填制及时

原始凭证应在经济业务发生或完成时及时填制,并按规定的程序和手续传递至有关业务部门和会计部门,以便及时办理后续业务,并进行审核和记账。

延伸阅读5-1

原始凭证的错误更正

为了规范原始凭证的内容,明确相关人员的经济责任,防止利用原始凭证进行舞弊,《会计法》对原始凭证错误更正作了明确规定:

(1)原始凭证所记载的各项内容均不得涂改,随意涂改原始凭证即为无效凭证,不能以此来作为填制记账凭证或登记会计账簿的依据。

(2)原始凭证记载的内容有错误的,应当由开具单位重开或更正,更正工作必须由原始凭证出具单位进行,并在更正处加盖出具单位印章;重新开具原始凭证当然也应由原始凭证开具单位进行。

(3)原始凭证金额出现错误的不得更正,只能由原始凭证开具单位重新开具。因为原始凭证上的金额,是反映经济业务事项情况的最重要数据,如果允许随意更改,容易产生舞弊,不利于保证原始凭证的质量。

(4)原始凭证开具单位应当依法开具准确无误的原始凭证,对于填制有误的原始凭证,负有更正和重新开具的法律义务,不得拒绝。

第二节 银行结算凭证的认知与填制

一、银行结算与银行结算方式

(一)银行结算的含义

银行结算即转账结算、支付结算,是指通过银行账户的资金转移所实现收付的行为。即银行接受客户委托代收代付,从付款单位存款账户划出款项,转入收款单位存款账户,以此完成经济之间债权债务的清算或资金的调拨。

银行结算是商品交换的媒介,是社会经济活动中清算资金的中介。

(二)常见银行结算方式

根据中国人民银行有关支付结算办法的规定,现行的国内银行结算方式主要有支票、银行本票、银行汇票、商业汇票、汇兑、委托收款、托收承付、银行卡等,如图 5-2 所示。

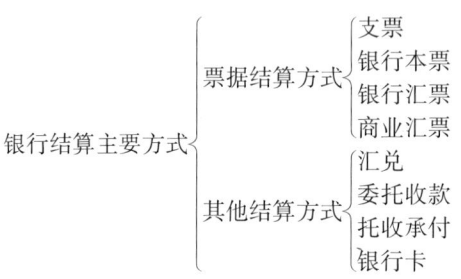

图 5-2 银行主要结算方式

二、支票的认知与填制

(一)支票的含义及种类

支票是出票人签发的,委托办理支票存款业务的银行在见票时无条件支付确定的金额给收款人或者持票人的票据。支票是我国目前最普遍使用的非现金支付工具之一,既可用于提取现金,又可用于办理转账结算。

支票按照使用要求可分为现金支票、转账支票和普通支票。

(1) **现金支票**,支票上印有"现金"字样的为现金支票,如图 5-3 所示。现金支票只能用于支取现金。

(2) **转账支票**,支票上印有"转账"字样的为转账支票。转账支票只能用于转账。

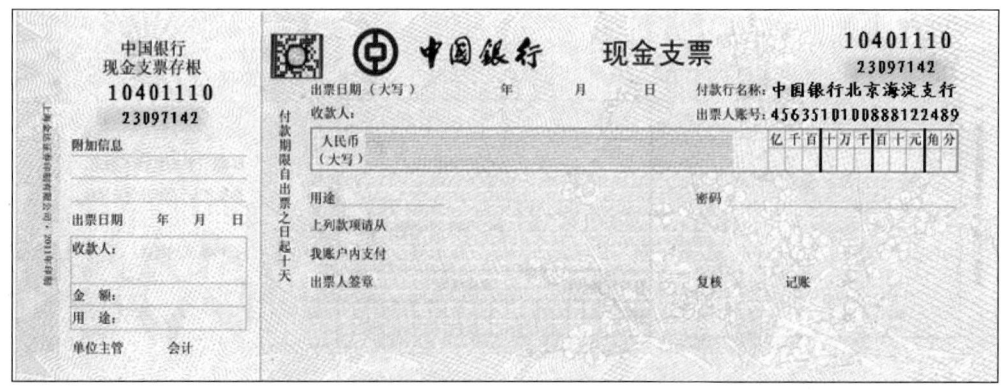

图 5-3 现金支票票样

(3) **普通支票**,支票上未印有"现金"或"转账"字样的为普通支票。普通支票可以用于支取现金,也可以用于转账。在普通支票左上角划两条平行线的,为划线支票,划线支票只能用于转账,不得支取现金。

(二) 支票结算的基本规定

1. 支票结算的基本当事人

(1) 出票人。出票人是在经中国人民银行批准办理业务的银行机构开立可以使用支票的存款账户的单位和个人。

(2) 付款人。付款人是支票上记载的出票人开户银行。

(3) 持票人。持票人是票面上填明的收款人,也可以是经背书转让的被背书人。

2. 支票一律记名

即签发的支票必须注明收款单位名称或收款人的姓名、开票日期、具体用途和确定的金额。

3. 支票付款期

支票付款期为10天,但中国人民银行另有规定的除外。超过提示付款期限提示付款的,银行不予受理,支票作废。

4. 签发人必须在银行账户余额内按照规定向收款人签发支票

对签发空头支票或印章与预留印鉴不符的支票,银行除退票外并按票面金额处以5‰但不低于1 000元的罚款。对屡次签发的,银行根据情节给予警告、通报批评直至停止其向收款人签发支票。

5. 支票的使用范围

目前,支票结算在同城或指定票据交换区域及异地均可使用。

6. 支票的转让

支票可以背书转让,但用于支取现金的支票不能背书转让。

 延伸阅读 5-2

票据的背书转让

根据《票据法》的规定,票据转让的主要方式为背书转让,而背书转让是通过行为人的背书行为来实现的,从这一意义上说,背书是票据权利人转移票据权利的行为。具体来说,背书是持票人为将票据权利转让给他人或者将一定的票据权利授予他人行使,在票据背面或者粘单上记载有关事项并签章,然后将票据交付被背书人的一种票据行为。

背书连续是《票据法》规定的形式上的要求,背书是否连续可以从三个方面予以认定:第一,各背书在形式上均为有效;第二,背书的记载顺序具有连续性,即前一背书的被背书人是后一背书的背书人;第三,连续的背书须具有同一性,即后一背书中的背书人与前一背书的被背书人在形式上必须是同一人。连续背书是证明正当持票人的证据,而非连续背书的持票人则须证明其票据权利。

（三）支票的结算程序

支票结算中银行存款业务处理的程序，如图5-4所示。

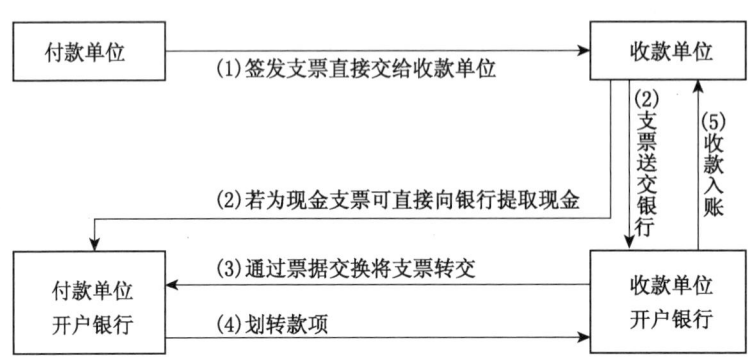

图5-4 支票的结算程序

图5-4中号码所示的具体内容为：

（1）付款单位签发支票给收款单位。

（2）收款人填写进账单，连同支票送交其开户银行办理转账业务；若为现金支票，收款人可直接持现金支票向付款人开户行提取现金。

（3）收款单位开户行传递票据，通知付款单位开户行。

（4）付款单位开户行将票款划给收款单位开户行。

（5）收款单位开户行将款项划入收款单位银行存款账户内，并退回进账单第三联，通知收款单位收款。

（四）支票的填制

签发支票应使用墨汁或碳素墨水填写，各项目需按规定填写，被涂改冒领的，由签发人负责。支票大小写金额和收款人不得更改，其他内容如有更改，必须由签发人加盖银行预留印鉴之一证明。支票的具体填制内容如图5-5和图5-6所示。

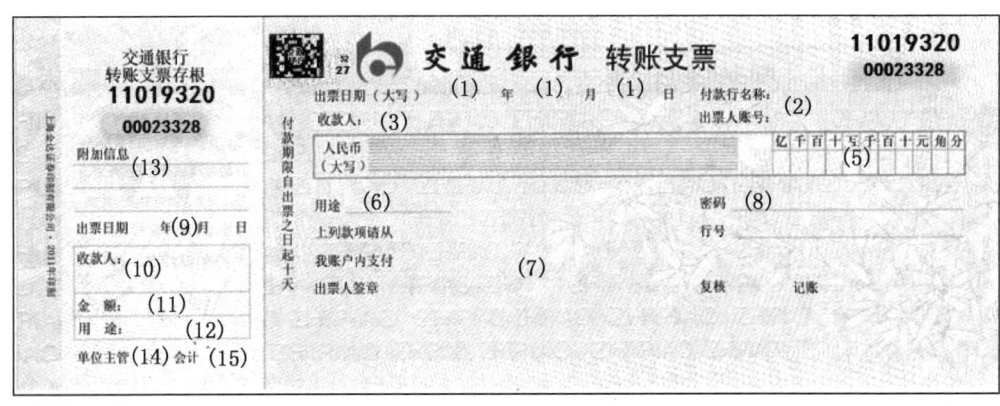

图5-5 支票正面的填制

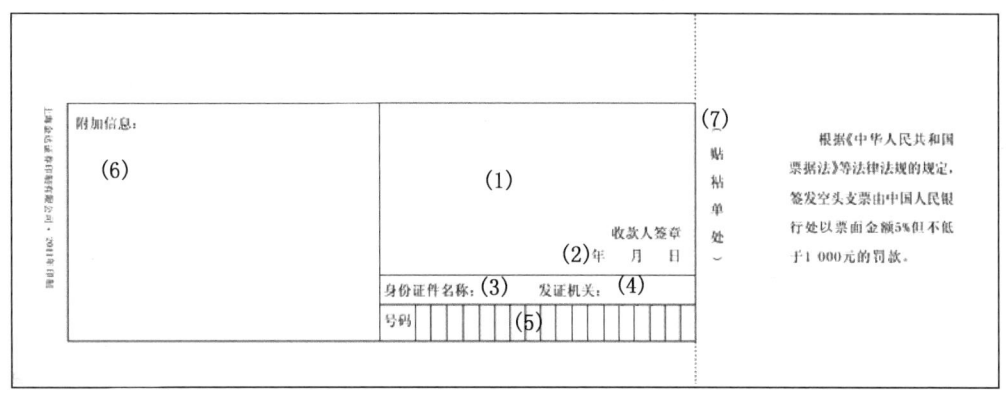

图 5-6 支票背面的填制

1. 支票正面的填制要求

(1) 填写出票日期,出票日期必须使用中文大写,不得更改。月为壹、贰和壹拾的,应在其前加"零"。日为壹至玖和壹拾、贰拾和叁拾的,应在其前加"零";日为拾壹至拾玖的,应在其前加"壹"。

(2) 填写付款行名称和出票人账号,即出票人的开户银行名称及存款账户的账号。

(3) 填写收款人全称,不得更改。若为本单位提取现金时,应填制现金支票,其收款人可写本单位名称,此时现金支票背面"被背书人"栏内加盖本单位银行预留印鉴,之后收款人可凭现金支票直接到开户银行提取现金。

(4) 填写人民币大写金额,不得更改,大写金额数字应紧接"人民币"字样填写,不得留有空白。

(5) 填写小写金额,不得更改,大小写金额必须一致,小写金额前面加人民币符号"￥"。

(6) 简明扼要填写款项的用途。

(7) 出票人签章,即出票人预留银行的签章。一般为财务专用章和法人章,缺一不可,印泥为红色,印章必须清晰,印章模糊者该张支票作废,需要更换支票,重新填写、重新盖章。

(8) 需要使用支付密码时,填写支付密码,银行核对相符方可办理款项转账与提现业务。

(9) 存根联的出票日期,与正联一致,用小写。

(10) 存根联的收款人,与正联一致;可简写。

(11) 存根联的金额,与正联一致,用小写。

(12) 存根联的用途,与正联一致。

(13) 需要时填写附加信息,如:预算单位办理支付结算业务填写"附加信息代码",与背面一致。

(14) 单位主管审批签章。

(15) 会计人员签章。

2. 支票背面的填制要求

(1) 收款人签章,若收款人为本公司则加盖预留银行的签章,收款人为个人则为个人的签名或盖章。

(2) 填写提示付款日期。

(3) 若收款人为个人,需填写提交的身份证件名称。

(4) 若收款人为个人,需填写提交的身份证件的发证机关。

(5) 若收款人为个人,需填写身份证件号码。

(6) 附加信息,如:预算单位办理支付结算业务填写"附加信息代码",非必要记载事项。

(7) 票据凭证不能满足背书人记载事项的需要,可以加附粘单,粘附于票据凭证上。粘单上的第一记载人,应当在汇票和粘单的粘接处签章。

【例 5-1】 2023 年 12 月 1 日,华夏有限责任公司签发转账支票一张,如图 5-7 所示,支付琴岛会计师事务所审计费用 5 000 元。

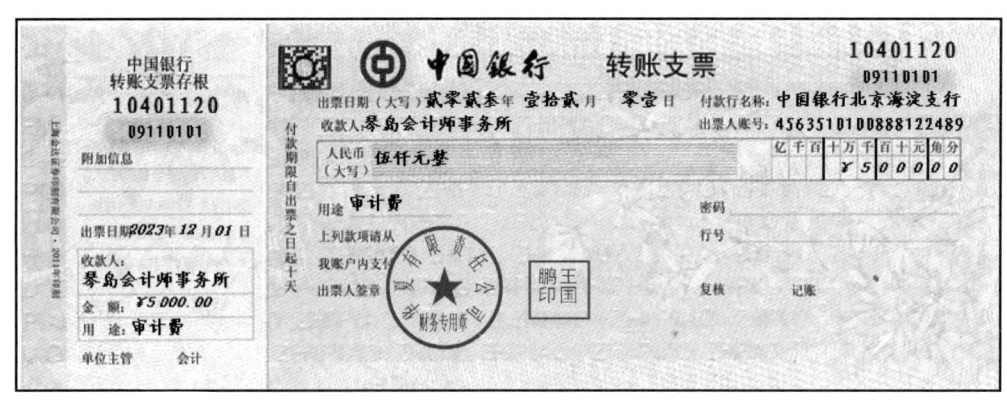

图 5-7 转账支票的填制

【例 5-2】 2023 年 12 月 5 日,华夏有限责任公司签发现金支票一张,如图 5-8 所示,用于提取备用金 3 000 元。

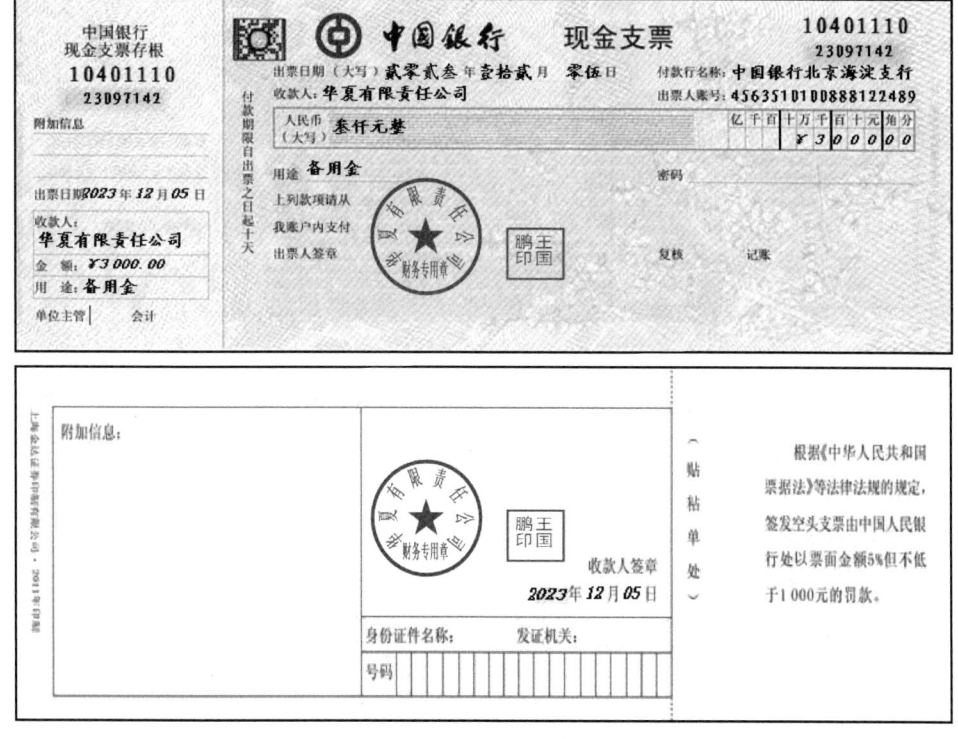

图 5-8 现金支票的填制

会计职业道德 5-1

企业不得签发空头支票

我国《票据法》第八十七条规定：支票的出票人所签发的支票金额不得超过付款时在付款人处实有的存款金额。出票人签发的支票金额超过其付款时在付款人处实有的存款金额的，为空头支票。

我国《票据管理实施办法》第三十一条规定："签发空头支票或签发与其预留的签章不符的支票，不以骗取钱财为目的的，由中国人民银行处以票面金额5％，但不低于1 000元的罚款，持票人有权要求出票人赔偿支票金额2％的赔偿金。"另外，根据《支付结算办法》第一百二十五条规定，对于多次签发空头支票的企业，银行还可以取消其签发支票的资格。

三、银行本票的认知与填制

(一) 银行本票的含义及种类

银行本票是银行签发的，承诺自己在见票时无条件支付确定的金额给收款人或者持票人的票据。

银行本票分为定额本票和不定额本票两种，定额本票是事先印好面额的本票，其面额分别有1 000元、5 000元、10 000元和50 000元四种可供选择。不定额本票是由付款人根据实际需要确定,向银行提出申请,由银行签发的票据。

(二)银行本票结算的基本规定

(1)银行本票见票即付。单位和个人在同一票据交换区域需要支付各种款项,均可以使用银行本票。

(2)银行本票可以用于转账,注明"现金"字样的银行本票可以用于支取现金。

(3)银行本票的出票人,为经中国人民银行当地分支行批准办理银行本票业务的银行机构。

(4)银行本票的提示付款期限自出票日起最长不得超过2个月。持票人超过付款期限提示付款的,代理付款人不予受理。银行本票的代理付款人是代理出票银行审核支付银行本票款项的银行。

(5)银行本票一律记名,允许背书转让,但填明"现金"字样的银行本票,不能背书转让。

(三)银行本票的结算程序

使用银行本票办理银行结算业务,其结算程序及说明如图5-9所示。

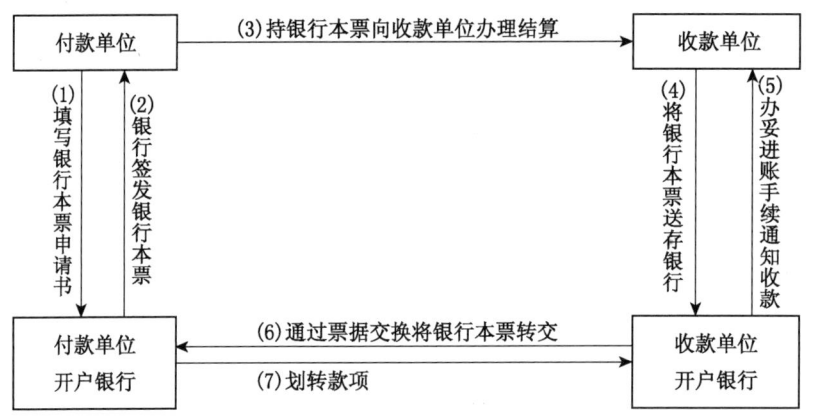

图5-9 银行本票的结算程序

在银行本票结算方式下,图5-9中号码所示的具体内容为:

(1)付款人以转账或交付现金方式将款项交存签发银行,申请银行签发本票。

(2)银行收妥账款后签发本票。

(3)付款人持银行本票与收款人办理结算业务。

(4)收款人持银行本票到开户银行申请兑付银行本票款项。

(5)收款单位开户银行向持本票申请办理兑付业务的收款人兑付银行本票款项。

(6)收款单位开户银行支付票款后,传递票据通知付款单位开户行。

(7)付款单位开户行将票款划给收款单位开户银行。

(四) 银行本票申请书的填制

<u>单位、个人需要使用银行本票进行结算,必须先填写银行本票申请书,向银行申请签发银行本票。</u>银行本票申请书应填写收款人名称、支付金额、申请日期等事项并签章。

银行本票申请书一式三联,第一联为申请人回单,第二联为银行借方凭证,第三联为贷方凭证。如申请人在签发银行开立账户的,应在"银行本票申请书"第二联上加盖预留银行印鉴。具体填制内容如图5-10所示。

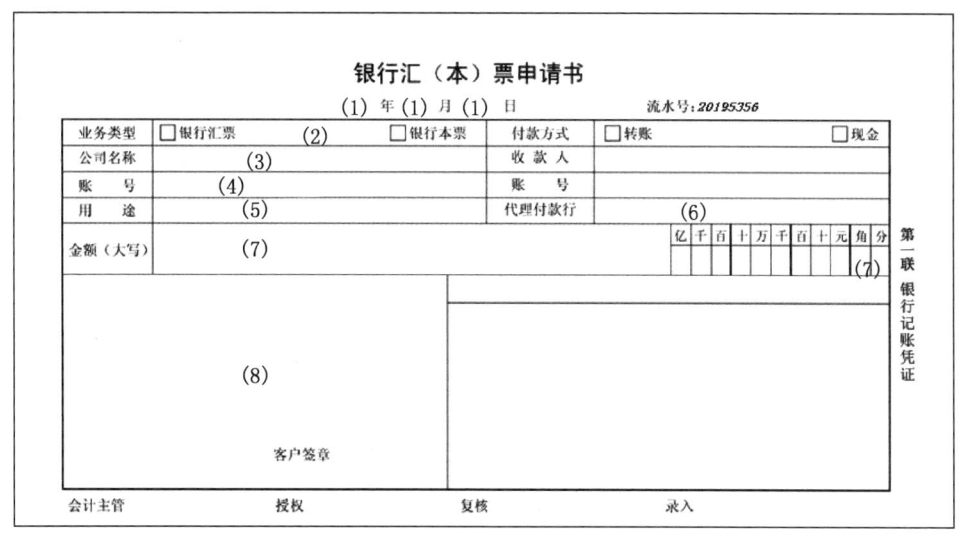

图 5-10 银行本票申请书的填制

图 5-10 中具体填制内容为:

(1) 填写银行汇(本)票的申请日期和申请书的编号(已预先印制)。

(2) 选择业务类型和付款方式。

(3) 填写申请银行本票的单位或个人和账号。

(4) 填写收款的单位或个人和账号。

(5) 填写申请银行本票的用途,如用于支付材料款等。

(6) 填写代理付款行的名称。

(7) 分别用大写和小写填写银行本票的申请金额。

(8) 客户签章,应在银行汇(本)票申请书上加盖单位预留银行印鉴。

【例 5-3】 2023 年 12 月 8 日,华夏有限责任公司向北京百货批发站采购家具一批,金额为 58 500 元,采用银行本票办理结算。其办理程序如下:

(1) 出纳员向签发本票银行填写一式三联的银行本票申请书,并将款项交存银行,如图 5-11 所示。

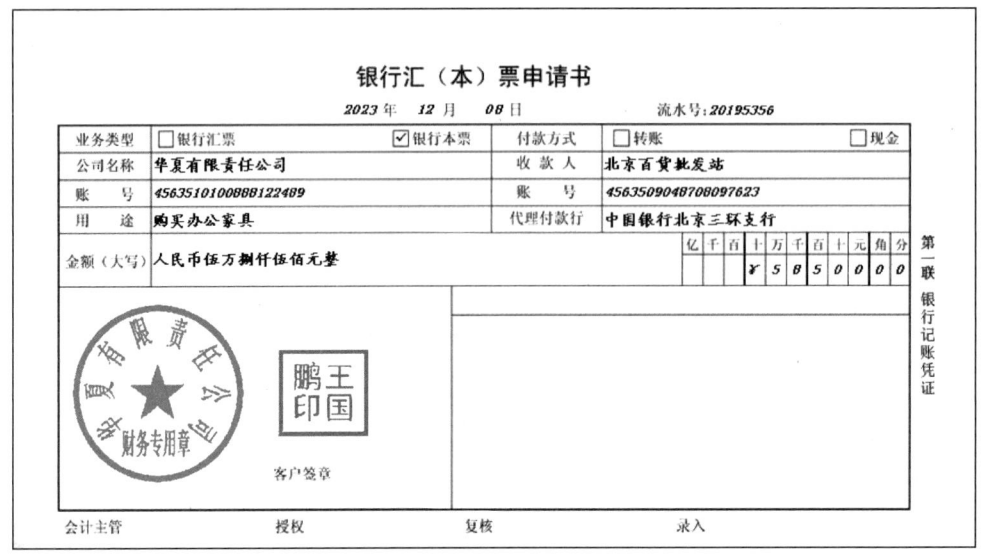

图 5-11　中国银行本票申请书（第一联）

（2）银行同意华夏有限责任公司的申请后，即按申请金额签发银行本票，如图 5-12 所示。

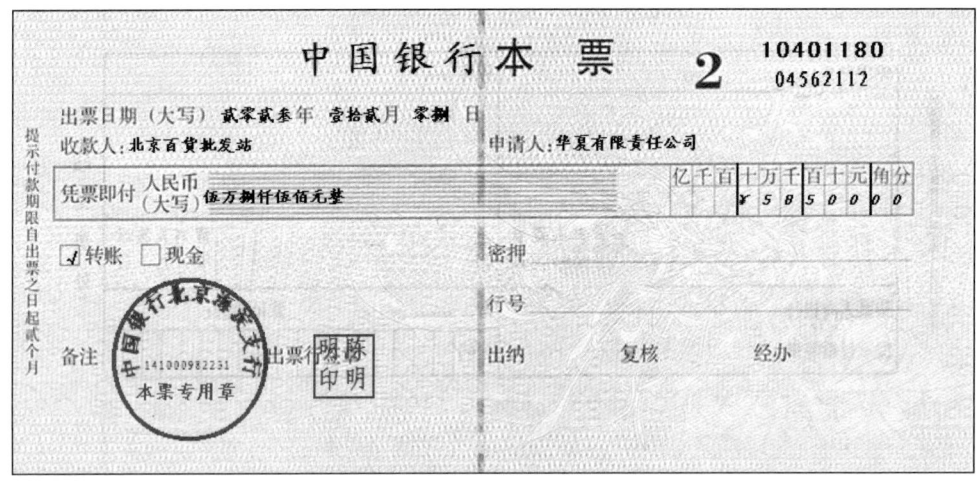

图 5-12　银行本票

四、银行汇票的认知与填制

（一）银行汇票的含义

银行汇票是指汇款人将款项交存当地银行，由银行签发给汇款人持往异地办理转账结算或支取现金的票据，如图 5-13 所示。

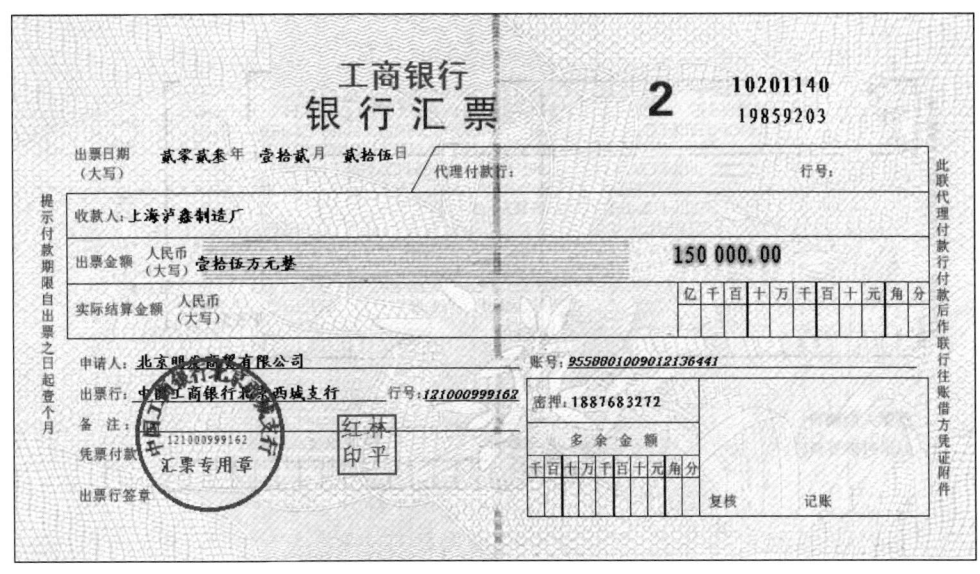

图 5-13　银行汇票

银行汇票是目前异地结算中较为广泛采用的一种结算方式。凡是各单位、个体经济户和个人需要在异地进行商品交易、劳务供应和其他经济活动及债权债务的结算,都可以使用银行汇票,并且具有票随人到、用款及时、使用灵活、兑现性强的特点。

(二)银行汇票结算的基本规定

(1) 银行汇票一律记名。汇款人申请办理银行汇票时,应在填写的银行汇票委托书上详细填明兑付地点、收款人名称、账号、用途等项内容。

(2) 银行汇票的起点金额为500元,签发带有"现金"字样的汇票,可直接提取现金。

(3) 银行汇票的付款期为1个月,逾期的银行汇票,兑付银行不予受理。

(4) 汇款人持银行汇票可以向填明的收款单位或个体经营户直接办理结算。收款人为个人的,也可以将转账的银行汇票经背书向兑付地的单位或个体经营户办理结算。

(5) 在银行开立账户的收款人或被背书人受理银行汇票后,在汇票背面加盖预留银行印鉴章,连同解讫通知、进账单一起送交开户银行办理转账。未在银行开立账户的收款人持银行汇票向银行支取款项时,必须交验本人身份证或兑付地有关单位足以证实收款人身份的证明,并在银行汇票背面盖章或签字,注明证件名称、号码签发证机关后,才能办理支取手续。

(三)银行汇票的结算程序

使用银行汇票办理银行结算业务,其结算程序及说明如图5-14所示。

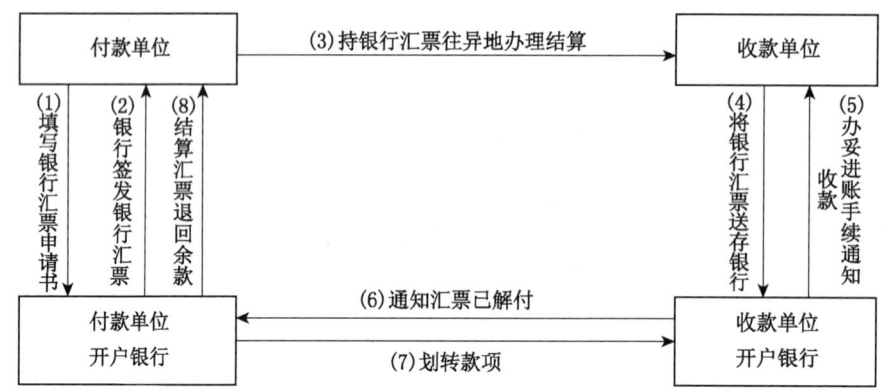

图 5-14 银行汇票的结算程序

在银行汇票结算方式下,图 5-14 中号码所示的具体内容为:

(1) 付款人以转账或交付现金方式将款项交存签发银行,填写银行汇票申请书。
(2) 银行收妥账款后签发银行汇票。
(3) 付款人持银行汇票前往异地与收款人办理结算业务。
(4) 收款人持银行汇票到开户银行申请解付银行汇票款项。
(5) 收款单位开户银行向持汇票申请办理解付业务的收款人兑付银行本票款项。
(6) 收款单位开户银行支付票款后,传递票据及解讫通知给付款单位开户行。
(7) 付款单位开户行将支付票款划给收款单位开户银行。
(8) 付款单位开户行结算银行汇票付款金额,并将多余金额退回付款单位。

(四) 银行汇票申请书的填制

单位、个人需要使用银行汇票进行结算,必须先填写银行汇票申请书,向银行申请签发银行汇票。银行汇票申请书应填写收款人名称、汇款金额、申请日期、账号或地址、代理付款行等事项并签章。

银行汇票申请书一式三联,第一联为申请人回单,第二联为银行借方凭证,第三联为贷方凭证。如申请人在签发银行开立账户的,应在银行汇票申请书第二联上加盖预留银行印鉴。具体填制内容参照银行本票申请书的填制方法。

五、商业汇票的认知与填制

(一) 商业汇票的含义及种类

商业汇票是指由收款人或付款人(或承兑申请人)签发,由承兑人承兑,并于到期日向收款人或被背书人支付款项的票据。

商业汇票按其承兑人的不同,分为商业承兑汇票和银行承兑汇票。

商业承兑汇票是由收款人签发,经付款人承兑,或由付款人签发并承兑的票据。

银行承兑汇票是由承兑申请人签发,并由承兑申请人向开户银行申请,经银行审查同意承兑的票据,如图5-15所示。

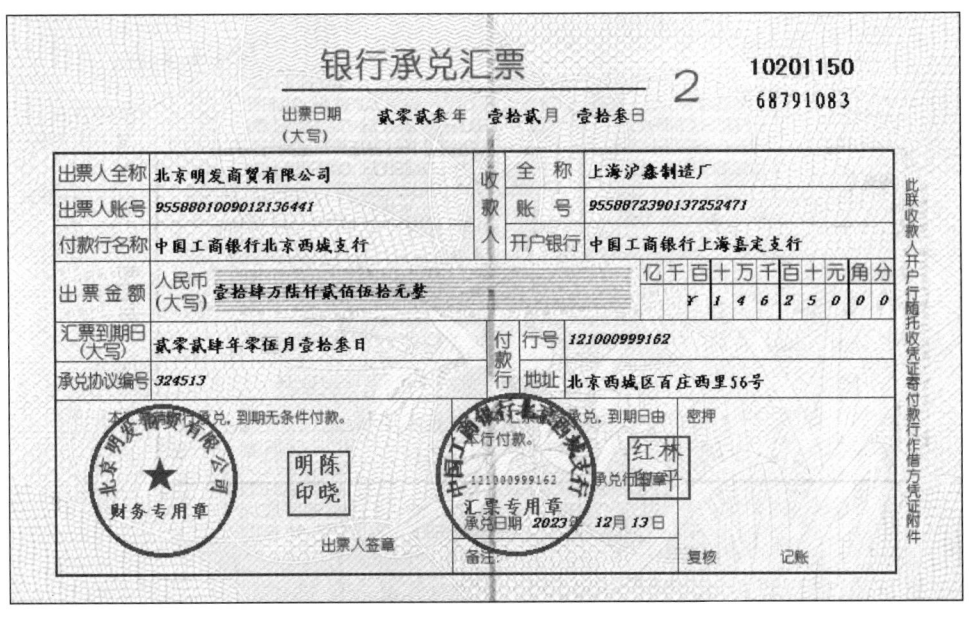

图5-15 银行承兑汇票

知识链接5-1
商业汇票承兑贴现与再贴现管理办法

(二)商业汇票结算的基本规定

(1) 商业汇票的适用范围相对较窄,各企业、事业单位之间只有根据购销合同进行合法的商品交易,才能签发商业汇票。除商品交易以外,其他方面的结算,如劳务报酬、债务清偿、资金借贷等不可采用商业汇票结算方式。

(2) 商业汇票一律记名并允许背书转让。商业汇票到期后,一律通过银行办理转账结算,银行不支付现金。商业汇票的提示付款期限自汇票到期日起10日内。

(3) 商业汇票既可以由付款人签发,也可以由收款人签发,但都必须经过承兑。只有经过承兑的商业汇票才具有法律效力,承兑人负有到期无条件付款的责任。

(4) 商业汇票在同城、异地都可以使用,而且没有结算起点的限制。

(5) 商业汇票的承兑期限由交易双方商定,最长为6个月,到期付款。但未到期前,如需要资金,收款人可向银行申请贴现。

(三)商业汇票的结算程序

以商业承兑汇票为例,讲解商业汇票的结算程序,具体说明如图5-16所示。

在商业汇票结算方式下,图5-16中号码所示的具体内容为:

(1) 签发和承兑商业承兑汇票。商业承兑汇票一式三联,可由收款人签发,也可由付款人签发。

(2) 收款人将商品发运给付款人。

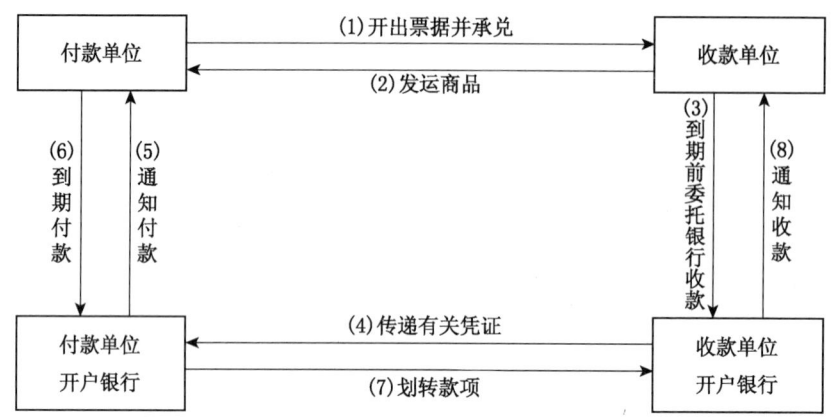

图 5-16 商业汇票的结算程序

(3) 委托收款。收款人或被背书人将要到期的商业承兑汇票送交开户银行办理收款手续,收款一般采取的是委托收款方式。

(4) 收款单位开户行与付款单位开户行之间传递有关凭证。

(5) 付款单位开户行通知付款人到期付款。

(6) 到期付款。付款人应于商业承兑汇票到期日前筹集款项,于到期日前将票款足额交存其开户银行。

(7) 票据到期日,付款单位开户银行将款项划给收款单位开户行。

(8) 收款单位开户行通知收款人收回款项。

(四) 商业汇票的填制

商业汇票一式三联,第一联为卡片联,由承兑人留存;第二联为汇票联,由收款人开户银行随结算凭证寄付款人开户银行作付出传票附件;第三联为存根联,由出票人留存。下面以商业承兑汇票为例讲解商业汇票的填制,具体填制方法如图 5-17 所示。

图 5-17 中具体填制内容为:

(1) 填写出票日期,出票日期必须使用中文大写,不得更改。月为壹、贰和壹拾的,应在其前加"零"。日为壹至玖和壹拾、贰拾和叁拾的,应在其前加"零";日为拾壹至拾玖的,应在其前加"壹"。

(2) 填写付款人的全称。

(3) 填写付款人存款账户的账号。

(4) 填写付款人开户银行名称。

(5) 填写收款人的全称。

(6) 填写收款人存款账户的账号。

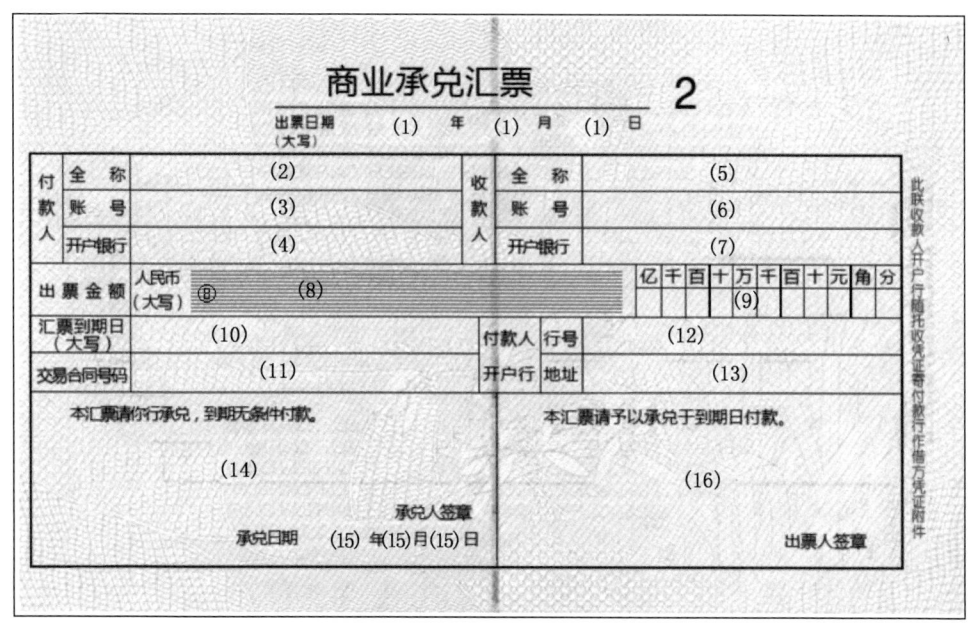

图 5-17 商业承兑汇票的填制

(7) 填写收款人开户银行名称。

(8) 填写人民币大写金额,不得更改,大写金额数字应紧接"人民币"字样填写,不得留有空白。

(9) 填写小写金额,不得更改,大小写必须一致,前面加人民币符号"¥"。

(10) 填写汇票的到期日,必须使用中文大写,与出票日期要求相同,付款期限最长不得超过 6 个月。

(11) 填写双方签订的交易合同号码。

(12) 填写付款人开户银行的行号。

(13) 填写付款人开户银行的地址。

(14) 承兑人签章,为其预留银行的签章。

(15) 填写承兑日期。

(16) 出票人签章,为该单位的财务专用章或者公章加其法定代表人或者其授权的代理人的签名或者盖章。

【例 5-4】 2023 年 12 月 6 日,华夏有限责任公司向北京明天商贸有限公司采购原材料一批,价款为 23 400 元(合同号为 15160),华夏有限责任公司签发 3 个月期限的商业承兑汇票一张,如图 5-18 所示,办理款项的结算。

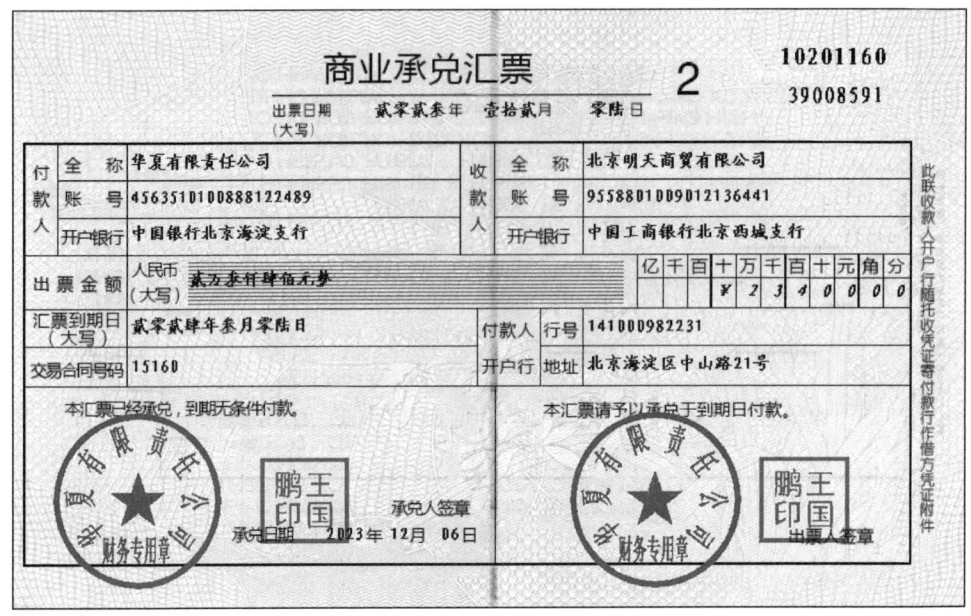

图 5-18　商业承兑汇票

相关案例 5-1

杭州 900 亿元非法票据贴现案

2012 年 2 月,杭州市公安局在侦办一起涉案价值 4 亿余元的特大金融诈骗案件过程中发现,违法犯罪分子通过互联网发布票据贴现信息,承诺见票当日全额打款,在取得商业汇票后,再次将有关汇票贴现或转卖。由于有关的票据取得与转让行为均没有真实的贸易背景,既违反了《票据法》的有关规定,也给犯罪分子转移、隐藏犯所得提供了便利,具有较大的社会危害性,其行为涉嫌构成非法经营犯罪。2012 年 7 月 11 日,杭州市公安局召开发布会宣称,该市警方在展开"决战 1 号"集中整治行动,打击金融领域非法经营票据贴现犯罪,统一收网抓获涉案人员 254 人,初步核查非法经营额达 900 余亿元,为浙江省涉案金额最大的非法票据贴现案件。

六、汇兑结算凭证的认知与填制

(一) 汇兑的含义及种类

<u>汇兑是指汇款人委托银行将款项汇给外地收款人的结算方式。汇兑适用于单位、个体经济户和个人的各种款项的结算。</u>

根据凭证传递方式不同,汇兑可分为信汇和电汇两种。

信汇是指付款人委托银行采用邮寄凭证的办法,通知汇入行付款的一种结算方式。

电汇是指付款人委托银行采用电信通知汇入行代为付款的方式。

在这两种汇兑结算方式中,信汇费用较低,但是速度相对较慢;电汇具有速度快的优势,但汇款人要负担较高的费用。

(二)汇兑结算方式的基本规定

(1)汇兑结算,无论是信汇还是电汇,都没有金额起点的限制,不管款多款少都可使用。

(2)汇兑结算属于汇款人向异地主动付款的一种结算方式。它对于异地上下级单位之间的资金调剂、清理旧欠以及往来款项的结算等都十分方便。汇兑结算方式还广泛地用于先汇款后发货的交易结算方式。

(3)汇兑结算方式除了适用于单位之间的款项划拨外,也可用于单位对异地的个人支付有关款项,如退休工资、医药费、各种劳务费、稿酬等,还可适用个人对异地单位所支付的有关款项,如邮购商品、书刊等。

(4)汇兑结算手续简便易行,单位或个人方便办理。

(三)汇兑的结算程序

使用汇兑结算方式办理结算业务,其具体流程如图5-19所示。

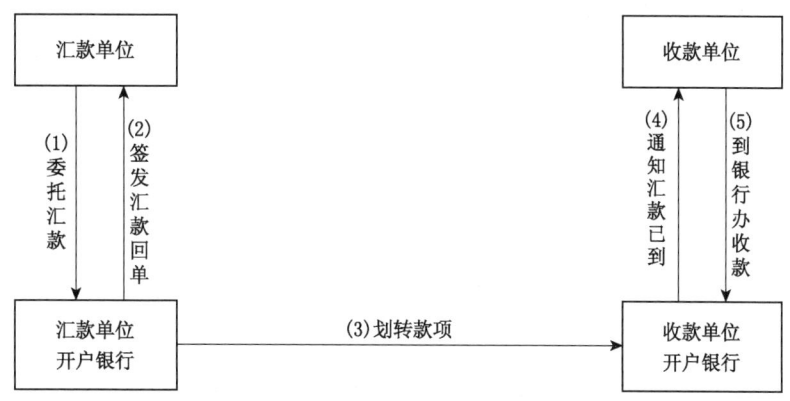

图5-19 汇兑的结算程序

(1)汇款人以转账或交付现金方式把款项交存银行,委托银行办理汇兑业务。

(2)银行受理后退回回单通知汇款单位。

(3)汇出银行将款项划转给收款单位(汇入)银行。

(4)收款单位(汇入)银行通知收款人收取汇款。

(5)收款人到汇入银行办理款项收取手续,收取汇款。

(四)汇兑结算凭证的填制

电汇凭证是存款账户办理汇款的凭证。电汇是目前使用较多的一种汇款方式,便于汇款人向异地主动付款。单位和个人的各种款项结算均可使用电汇。

电汇凭证一式三联,第一联(回单),是汇出行给汇款人的回单;第二联(借方凭证),

为汇出银行办理转账付款的支付凭证;第三联(贷方凭证),是汇出行向汇入行拍发电报的凭据。下面以电汇为例讲解汇兑结算的填制,具体填制方法如图5-20所示。

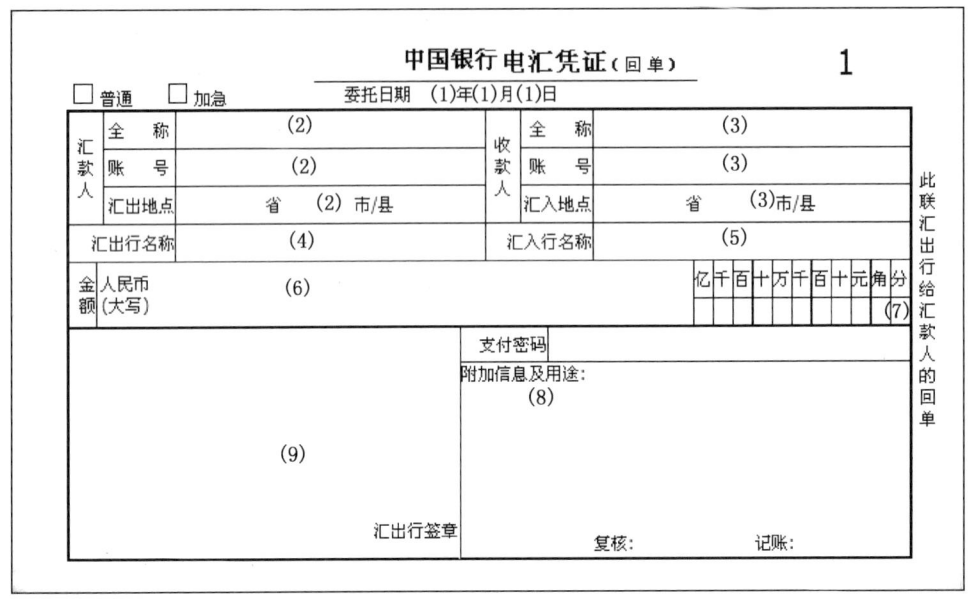

图5-20 电汇凭证的填制

图5-20中具体填制内容为:

(1) 填写委托人委托银行电汇的日期,日期不得更改。

(2) 填写汇款的单位或个人的全称、账号(若汇款人有在银行开立存款账户的,必须记载其账号)、款项的汇出地点(具体到市县)。

(3) 填写收款的单位或个人的全称(收款人的名称不得更改)、账号(若汇款人有在银行开立存款账户的,必须记载其账号)、款项的汇入地点(具体到市县)。

(4) 汇出行的名称,银行的名称应当记载全称或者规范化简称。

(5) 汇入行的名称,银行的名称应当记载全称或者规范化简称。

(6) 大写填写人民币的汇出金额,若汇款人和收款人均为个人,且需要在汇入银行支取现金的,应先填写"现金"字样,金额不得更改。

(7) 填写阿拉伯数码金额,与中文大写金额必须一致,小写金额前应填写人民币符号"¥"。

(8) 填写款项的用途,收款人为个人且未开立账户的,需要到汇入银行领取汇款,应注明"留行待取"字样。

(9) 汇出行签章。

【例5-5】 2023年12月11日,华夏有限责任公司以电汇方式预付上海新天地集团有限公司货款10 000元,办理汇款业务凭证如图5-21所示。

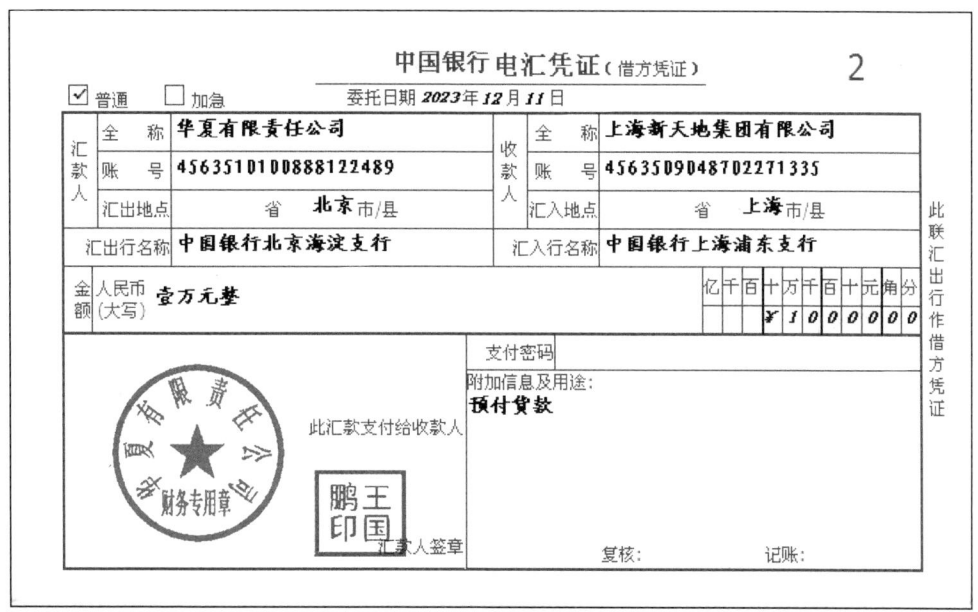

图 5-21　电汇凭证（借方凭证）

七、委托收款结算凭证的认知与填制

（一）委托收款结算的含义及种类

委托收款结算是指收款人委托银行向付款人收取款项的结算方式。在银行或其他金融机构开立账户的单位和个体经济户的商品交易、劳务款项以及其他应收款项的结算，均可以使用委托收款结算方式。

委托收款分为邮寄和电报划回两种，收款单位可以根据需要灵活选择。

（二）委托收款结算的基本规定

1. 使用范围

凡是在银行和其他金融机构开立账户的单位和个体经济户的商品交易、劳务款项以及其他应收款项的结算都可以使用委托收款结算方式。城镇公用企事业单位向用户收取的水费、电费、电话费、邮费、煤气费等也都可以采用委托收款结算方式。

2. 金额起点

凡是收款单位发生的各种应收款项，不论金额大小，只要委托银行就给办理。

3. 地点

委托收款在同城、异地都可以办理。

4. 期限

委托收款付款期为 3 天，凭证索回期为 2 天。

5. 审查付款单位拒付理由

委托收款结算方式是一种建立在商业信用基础上的结算方式,即由收款人先发货或提供劳务,然后通过银行收款,银行不参与监督,结算中发生争议由双方自行协商解决。因此收款单位在选用此种结算方式时应当慎重,应当了解付款方的资信状况,以免发货或提供劳务后不能及时收回款项。

(三)委托收款结算的传递程序

使用委托收款结算方式办理结算业务,其具体流程如图 5-22 所示。

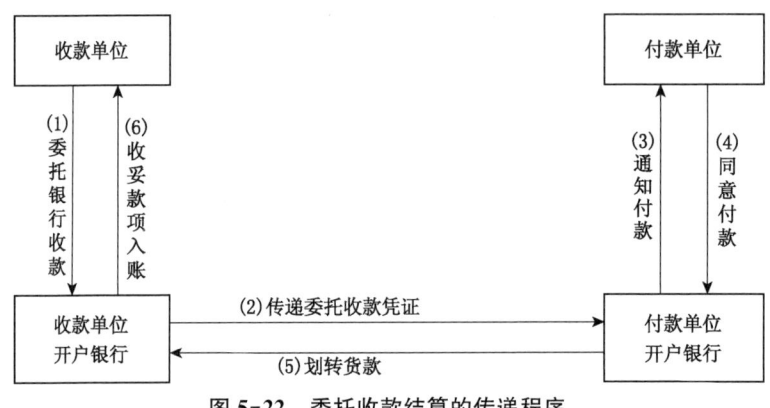

图 5-22 委托收款结算的传递程序

在委托收款结算方式下,图 5-22 中号码所示的具体内容为:

(1)收款单位填写托收凭证,一式五联,连同相关单据送交开户银行,委托银行收款。

(2)开户银行审查无误后,将第一联受理回单加盖业务公章后退给收款单位。第二联贷方凭证留存,第三联借方凭证加盖结算专用章,将第三联至第五联寄交付款单位开户行。

(3)付款单位开户行将第五联付款通知交给付款人。

(4)付款单位同意付款或付款期满,付款单位开户行根据第三联借方凭证做付款处理,将第四联寄交收款单位开户行或根据第四联发送电子报文至收款单位开户行。

(5)收款单位开户行收到第四联或电子报文后,根据第二联贷方凭证予以入账。

(6)收款单位开户行将第四联收款通知交给收款单位。

(四)委托收款结算凭证的填制

委托收款结算凭证共分为五联:第一联回单,由收款人开户行给收款人的回单;第二联收款凭证,由收款人开户行作收入传票;第三联支款凭证,由付款人开户行作付出传票;第四联收款通知(或发电依据),是收款人开户行在款项收妥后给收款人的收款通知(或付款人开户行凭以拍发电报);第五联付款通知,是付款人开户行给付款人按期付款的通知。委托收款凭证的具体方法参照托收承付结算方式,详见图 5-24 所示。

八、托收承付结算凭证的认知与填制

(一)托收承付结算的含义及种类

托收承付结算是指根据购销合同由收款人发货后委托银行向异地购货单位收取货款,购货单位根据合同核对单证或验货后,向银行承认付款的一种结算方式。

托收承付结算方式只适用于异地订有经济合同的商品交易的结算。按照结算凭证传递方式的不同,托收承付结算可以分为邮划和电划两种。

(二)托收承付结算的基本规定

(1)使用异地托收承付结算方式的单位,必须是国有企业、供销合作社以及经营管理较好、并经开户银行审查同意的城乡集体所有制工业企业。

(2)办理托收承付结算的款项,必须是商品交易,以及因商品交易而产生的劳务供应的款项。代销、寄销、赊销商品的款项、不得办理托收承付结算。

(3)收款人办理托收,必须具有商品确已发运的证明(包括铁路、航运、公路等运输部门签发的运单等)。

(4)托收承付结算每笔的金额起点为10 000元,新华书店系统每笔金额起点为1 000元。

(三)托收承付结算的传递程序

使用托收收款结算方式办理结算业务,其具体流程如图5-23所示。

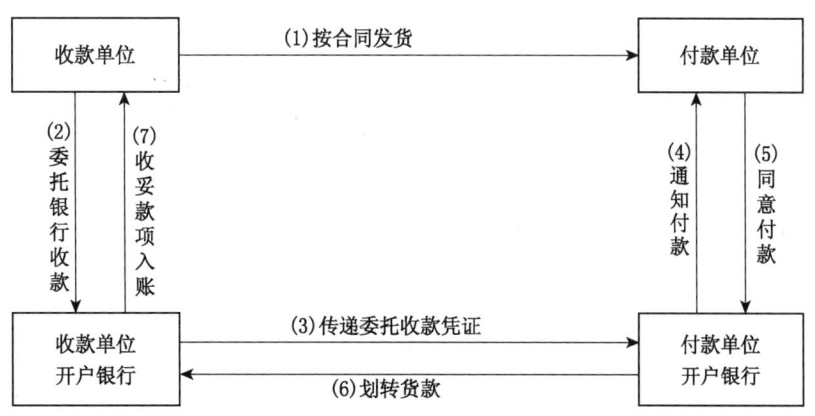

图5-23 托收承付结算的传递程序

在委托收款结算方式下,图5-23中号码所示的具体内容为:

(1)收款单位(销货方)按合同约定发出商品。

(2)收款单位填写托收凭证,一式五联,连同相关单据送交开户银行,委托银行收款。

(3)开户银行审查无误后,将第一联受理回单加盖业务公章后退给收款单位。第二联贷方凭证留存,第三联借方凭证加盖结算专用章,将第三联至第五联寄交付款单位开户行。

(4)付款单位开户行将第五联付款通知交给付款人。

(5)付款单位同意付款或付款期满,付款单位开户行根据第三联借方凭证做付款处理,将第四联寄交收款单位开户行或根据第四联发送电子报文至收款单位开户行。

(6)收款单位开户行收到第四联或电子报文后,根据第二联贷方凭证入账。

(7)收款单位开户行将第四联收款通知交给收款单位。

(四)托收承付结算凭证的填制

托收承付结算凭证共分为五联:第一联回单,由收款人开户行给收款人的回单;第二联收款凭证,由收款人开户行作收入传票;第三联支款凭证,由付款人开户行作付出传票;第四联收款通知(或发电依据),是收款人开户行在款项收妥后给收款人的收款通知(或付款人开户行凭以拍发电报);第五联付款通知,是付款人开户行给付款人按期付款的通知。委托收款凭证的具体方法参照托收承付结算方式,如图 5-24 所示。

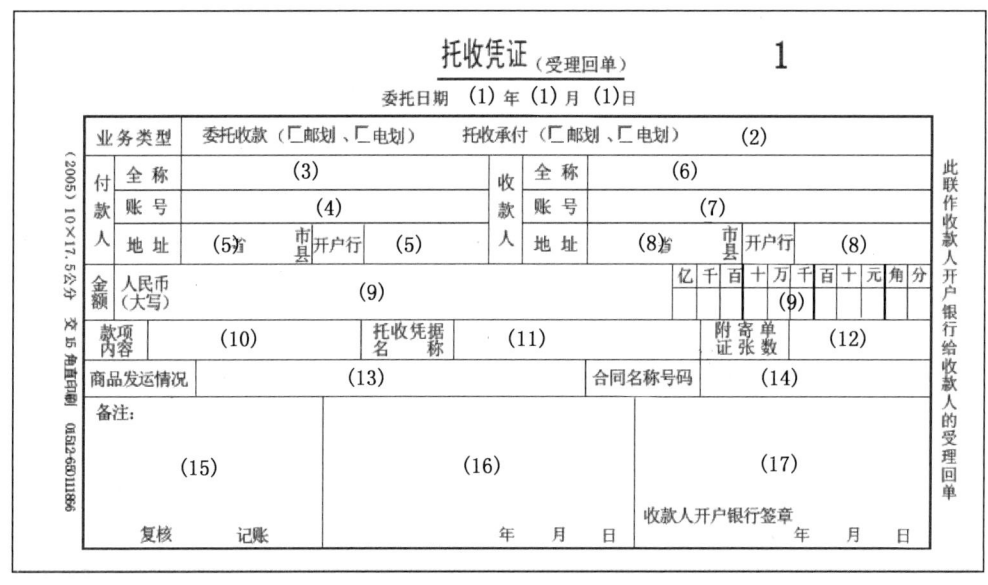

图 5-24 托收承付结算凭证的填制

图 5-24 中具体填制内容为:

(1)填写委托日期,用小写数字,委托日期是指收款人向银行提交托收凭证的当天的日期。

(2)填写业务类型,分别为:委托收款(邮划)、委托收款(电划)、托收承付(邮划)、托收承付(电划)。

(3)填写付款人的全称。

(4)填写付款人的账号。

(5) 填写付款人地址及开户银行的信息。

(6) 填写收款人全称。

(7) 填写收款人的账号。

(8) 填写收款人地址及开户银行的信息。

(9) 填写人民币大小写金额,大小写必须一致且不得更改,大写金额数字应紧接"人民币"字样填写,不得留有空白,小写金额前面加人民币符号"￥"。

(10) 填写托收款项的内容,如材料款、水电费、货款等。

(11) 填写托收所附凭据的名称,如:增值税专用发票、承兑汇票等。

(12) 填写托收所附凭据的张数。

(13) 填写商品发运的情况,办理托收承付时必须填写。

(14) 填写双方签订的合同名称及号码,办理托收承付时必须填写。

(15) 此栏各联次有所不同,主要填写收、付款人开户银行收到的日期及加盖银行经办人员的签章等。

(16) 此栏各联次有所不同,主要填写收、付款人开户银行办理业务的日期及加盖银行的签章。

(17) 此栏各联次有所不同,主要加盖收、付款人开户银行的签章。

【例 5-6】 2023 年 12 月 18 日,华夏有限责任公司向上海美好集团有限公司销售商品一批,价款 35 100 元,货已发出,办理托收承付结算手续,合同规定采用验货付款方式,填制托收承付凭证并办理银行业务,如图 5-25 所示(合同号:557398)。

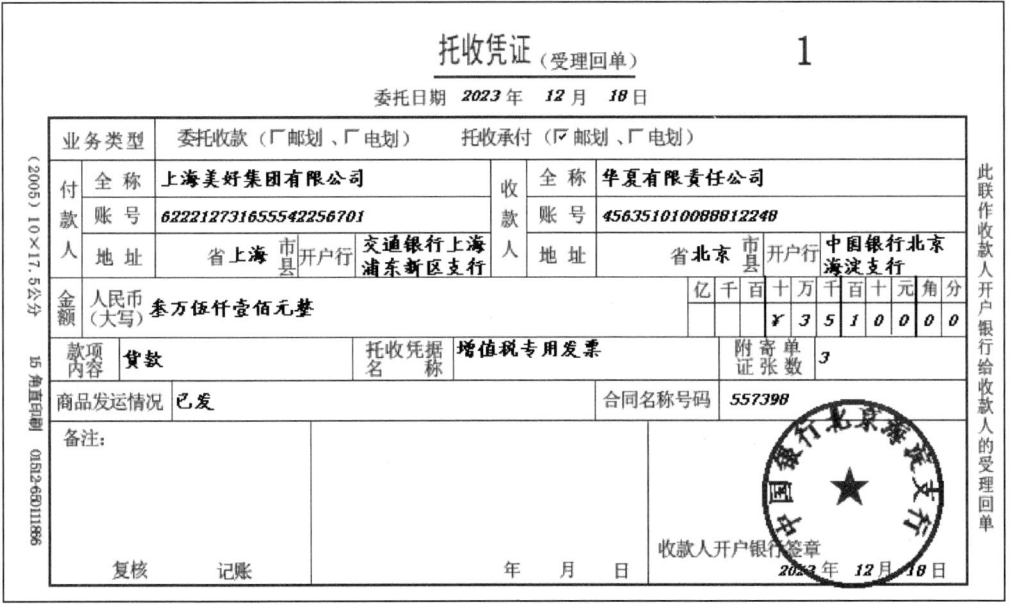

图 5-25 托收承付结算凭证(回单)

第三节 现金收付业务常见凭证的认知与填制

现金收付业务是企业最为常见的经济业务之一。其中,现金收入业务是指收取现金的业务,如销售商品、提供劳务后开具发票,收到现金,收回职工借款,收到押金等。现金收入业务经常涉及的原始凭证有增值税专用发票、普通发票、收据等。现金支付业务是指支付现金的业务,如支付借款、应付款、押金和报销费用等。现金支付业务经常涉及的原始凭证有现金解款单、借款单、报销单等。

一、增值税专用发票的认知与填制

(一) 增值税专用发票的含义及作用

增值税专用发票是由国家税务总局监制设计印制的,既作为纳税人反映经济活动的重要会计凭证,又是销货方纳税义务和购货方进项税额的合法证明;是增值税计算和管理中重要的、有决定性的、合法的专用发票,如图 5-26 所示。

知识链接 5-2 中华人民共和国发票管理办法

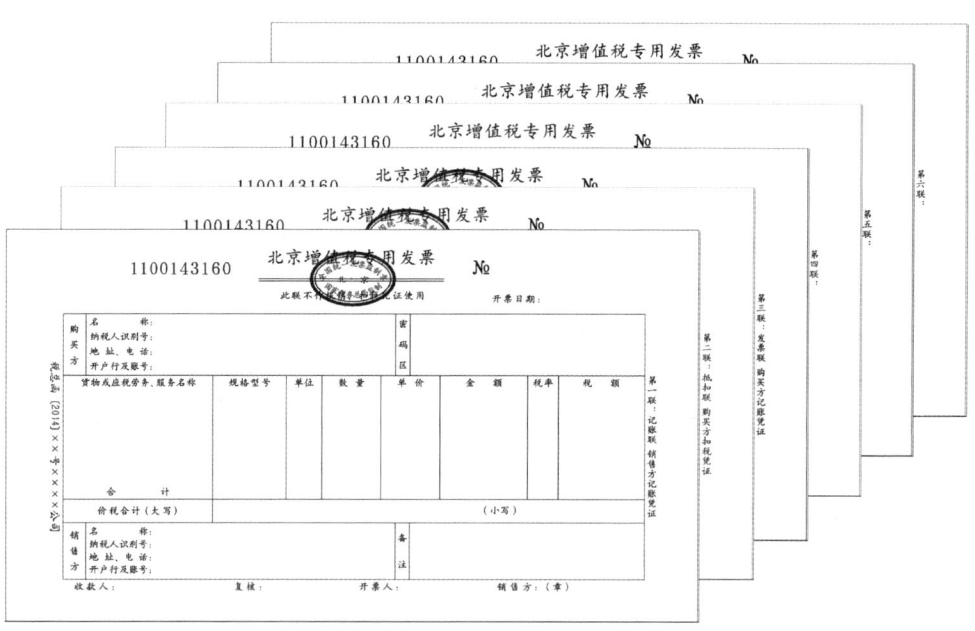

图 5-26 增值税专用发票票样

增值税专用发票的作用主要为:

(1) 增值税专用发票是商事凭证,由于实行凭发票购进税款扣税,购货方要向销货方支付增值税,因此也是完税凭证,起到证明销货方纳税义务和购货方进项税额的合法的作用。

（2）一种货物从最初生产到最终消费之间的各个环节可以用增值税专用发票连接起来，依据专用发票上注明的税额，每个环节征税，每个环节扣税，让税款从上一个经营环节传递到下一个经营环节，一直到把商品或劳务供应给最终消费者，这样，各环节开具的增值税专用发票上注明的应纳税额之和，就是该商品或劳务的整体税负。因此，体现了增值税普遍征收和公平税负的特征。

（二）增值税专用发票的联次说明

增值税专用发票由基本联次或者基本联次附加其他联次构成，基本联次为三联：

第一联：记账联，是销售方发票联，是销售方的记账凭证，即销售方作为销售业务的原始凭证，在票面上的"税额"指的是"销项税额"，"金额"指的是销售货物的"不含税金额价格"。

第二联为抵扣联，购买方扣税凭证。

第三联为发票联，购买方记账凭证。

（三）增值税专用发票的开具要求

（1）发票填开要求字迹清楚。

（2）增值税专用发票不得涂改。如填写错误，应另行开具增值税专用发票，并在误填的增值税专用发票上注明"误填作废"四字。如增值税专用发票开具后因购货方不索取而成为废票的，也应按填写有误办理。

（3）发票项目填写齐全。

（4）票、物相符，票面金额与实际收取的金额相符。

（5）发票各项目内容正确无误。

（6）全部联次一次性填开，上、下联的内容和金额一致。

（7）发票联和抵扣联加盖发票专用章。

（8）填开发票的单位和个人必须在发生经营业务确认营业收入时开具发票。未发生经营业务一律不准开具发票。

（9）不得开具伪造的增值税专用发票。

（10）不得开具票样与国家税务总局统一制定的票样不相符合的专用发票。开具的增值税专用发票有不符合上列要求者，不得作为抵扣凭证，购买方有权拒收。

（四）增值税专用发票的填制

增值税专用发票的具体填制内容如图5-27所示。

图5-27中具体填制内容为：

（1）填写开具专用发票的日期。

（2）填写购买单位的名称、纳税人识别号、地址及电话、开户行及账号。

（3）填写或应税劳务、服务名称。

（4）填写规格型号。

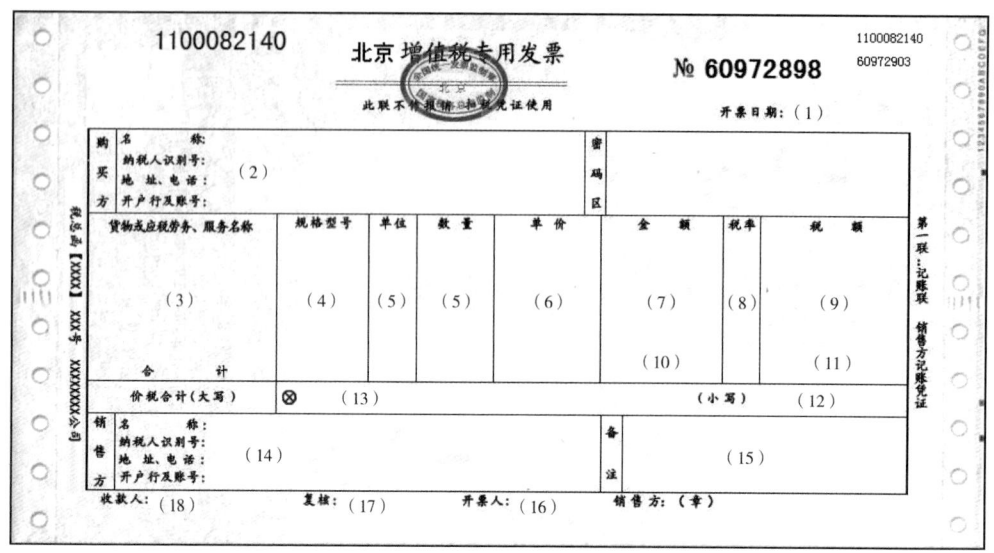

图 5-27　增值税专用发票的填制

(5) 填写单位、数量。

(6) 填写单价,如 400.00(保留小数点后两位小数)。

(7) 填写不含税金额。

(8) 填写税率,如 17%。

(9) 填写增值税税额。

(10) 填写合计税金额在合计数字前加"￥"。

(11) 在合计数字前加"￥"。

(12) 填写小写合计金额,合计数字前加"￥"。

(13) 填写大写价税合计,大写金额与小写金额必须一致。

(14) 填写销售方单位的名称、纳税人识别号、地址及电话、开户行及账号。

(15) 有备注的内容要填写。

(16) 开票人姓名。

(17) 复核人姓名。

(18) 收款人姓名。

注意:全部填写完后,抵扣联、发票联要在盖章处盖销售企业的发票专用章。

【例 5-7】 2023 年 1 月 19 日,华盛实业股份有限公司向北京特林有限公司销售商品一批,价税合计金额 29 000 元,商品发出当日同时开具增值税专用发票,并办理托收承付结算手续。请根据上述资料,填制增值税专用发票,如图 5-28 所示。

(五)增值税专用发票的识别

增值税专用发票由国务院税务主管部门确定的企业印制;其他发票按照国务院税

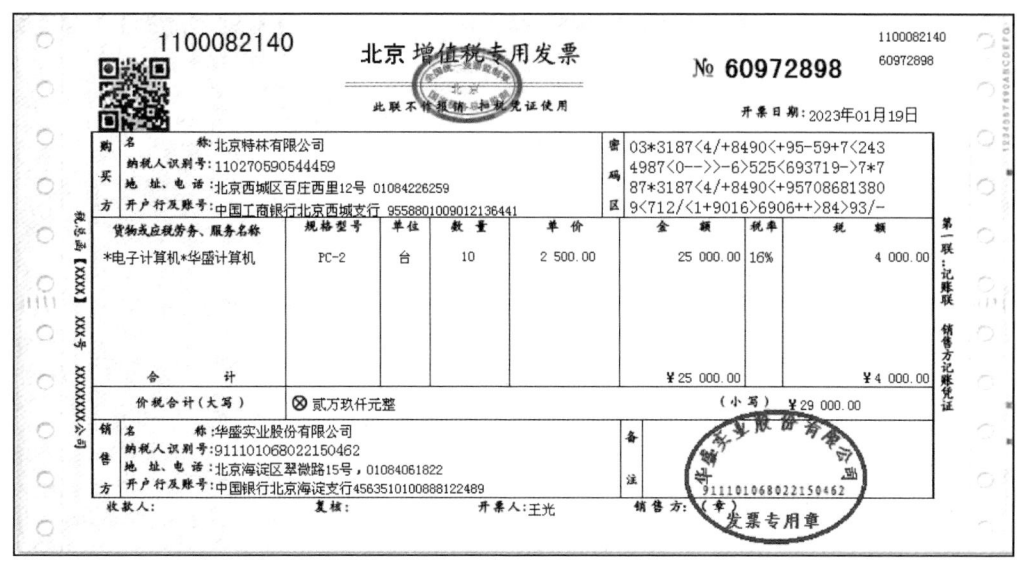

图 5-28 增值税专用发票（记账联）

务主管部门的规定，由省、自治区、直辖市税务机关确定的企业印制。禁止私自印制、伪造和变造发票。印制发票应当使用国务院税务主管部门确定的全国统一的发票防伪专用品。禁止非法制造发票防伪专用品。

增值税专用发票（纸质发票）具有"防伪油墨颜色擦可变"的防伪特征。发票各联次左上方的发票代码使用防伪油墨印制。油墨印记在外力摩擦作用下可以发生颜色变化，产生红色擦痕。其鉴别方法为：使用白纸摩擦票面的发票代码区域，在白纸表面以及发票代码的摩擦区域均会产生红色擦痕。

延伸阅读5-3

国家税务总局关于调整增值税纸质专用发票防伪措施有关事项的公告
国家税务总局公告 2022 年第 25 号

税务总局决定调整增值税纸质专用发票防伪措施，自 2022 年第三季度起增值税纸质专用发票按照调整后的防伪措施印制。现将有关事项公告如下：

取消专用异型号码、复合信息防伪等防伪措施，继续保留防伪油墨颜色擦可变等防伪措施。防伪油墨颜色擦可变的防伪效果和鉴别方法见《国家税务总局关于调整增值税专用发票防伪措施有关事项的公告》（2019 年第 9 号）附件。

税务机关库存和纳税人尚未使用的增值税纸质专用发票可以继续使用。

特此公告。

国家税务总局
2022 年 12 月 15 日

二、增值税普通发票的认知与填制

(一) 增值税普通发票的含义

增值税普通发票主要由增值税小规模纳税人使用,增值税一般纳税人在不能开具专用发票的情况下也可以使用普通发票,所不同的是具体种类要按适用范围选择,如图5-29所示。

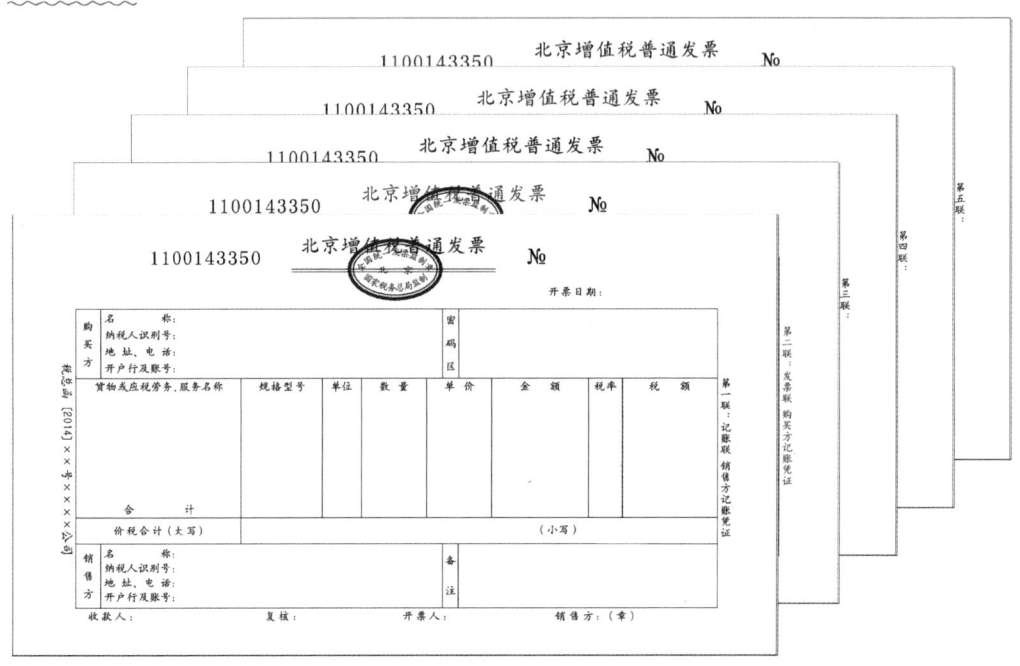

图5-29 增值税普通发票票样

(二) 增值税普通发票的种类及联次说明

1. 增值税普通发票

增值税普通发票(见图5-30)由基本联次或者基本联次附加其他联次构成,分为两联版和五联版两种。

基本联次为两联:第一联为记账联,是销售方记账凭证;第二联为发票联,是购买方记账凭证。其他联次用途,由纳税人自行确定。纳税人办理产权过户手续需要使用发票的,可以使用增值税普通发票第三联。

2. 增值税普通发票(卷票)

增值税普通发票(卷票)分为两种规格:57 mm×177.8 mm、76 mm×177.8 mm,均为单联,如图5-30所示。

自2017年7月1日起,纳税人可按照《中华人民共和国发票管理办法》及其实施细则要求,书面向国税机关要求使用印有本单位名称的增值税普通发票(卷票),国税机关

76 mm×177.8 mm　　　　57 mm×177.8 mm

图 5-30　增值税普通发票(卷票)票样

按规定确认印有该单位名称发票的种类和数量。纳税人通过新系统开具印有本单位名称的增值税普通发票(卷票)。印有本单位名称的增值税普通发票(卷票),由税务总局统一招标采购的增值税普通发票(卷票)中标厂商印制,其式样、规格、联次和防伪措施等与原有增值税普通发票(卷票)一致,并加印企业发票专用章。使用印有本单位名称的增值税普通发票(卷票)的企业,按照《国家税务总局 财政部关于冠名发票印制费结算问题的通知》(税总发〔2013〕53 号)规定,与发票印制企业直接结算印制费用。

3. 增值税电子普通发票

增值税电子普通发票是指通过增值税发票系统升级版开具、上传,通过电子发票服务平台查询、下载的电子增值税普通发票,区别于传统纸质发票,是在原有加密防伪措施上,使用数字证书进行电子签章后供购买方下载使用,如图 5-31 所示。增值税电子普通发票的开票方和受票方需要纸质发票的,可以自行打印增值税电子普通发票的版式文件,其法律效力、基本用途、基本使用规定等与税务机关监制的增值税普通发票相同。

(三) 增值税普通发票的开具要求

(1) 在销售商品、提供服务以及从事其他经营活动对外收取款项时,应向付款方开具发票。特殊情况下,由付款方向收款方开具发票。

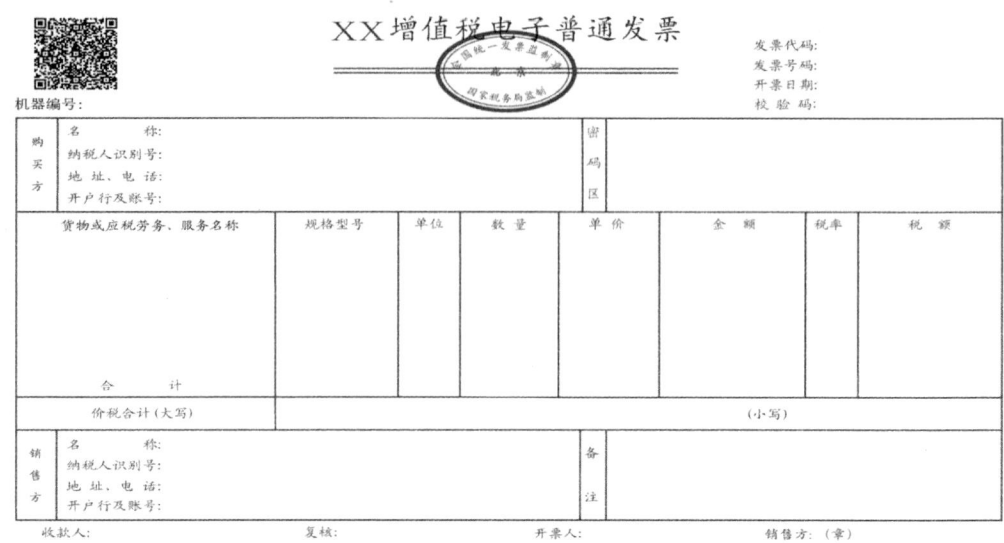

图 5-31　增值税电子普通发票票样

（2）开具发票应当按照规定的时限、顺序、逐栏、全部联次一次性如实开具，并加盖单位发票专用章。

（3）使用计算机开具发票，须经国税机关批准，并使用国税机关统一监制的机外发票，并要求开具后的存根联按顺序号装订成册。

（4）发票限于领购的单位和个人在本市、县范围内使用，跨出市县范围的，应当使用经营地的发票。

（5）开具发票单位和个人的税务登记内容发生变化时，应相应办理发票和发票领购簿的变更手续。注销税务登记前，应当缴销发票领购簿和发票。

（6）所有单位和从事生产、经营的个人，在购买商品、接受服务，以及从事其他经营活动支付款项时，向收款方取得发票，不得要求变更品名和金额。

（7）对不符合规定的发票，不得作为报销凭证，任何单位和个人有权拒收。

（8）发票应在有效期内使用，过期应当作废。

（四）增值税普通发票的内容

增值税普通发票的基本内容如下所述。

1. 发票名称

发票名称也称为发票票头，它说明了发票的用途或适用范围。

2. 发票监制章

发票监制章是发票的法定标志和识别真伪的依据，为椭圆形，套印在发票票头正中。

3. 字轨号码

字轨号码包括发票的代码和号码。代码为发票的印刷批号，体现了发票的印刷年度、适用行业、版式和限额等;号码则是一组发票的顺序标记。

4. 发票联次及用途

发票联次及用途表明发票的联次和具体用途。

5. 购销单位信息

购销单位信息包括购买单位和销售单位的名称、开票人等信息。

6. 经济业务内容

经济业务内容包括商品名称及经营项目、计量单位、数量、单价和金额等。

同时,使用发票还必须按要求加盖发票专用章。

(五) 增值税普通发票的识别

全国统一的发票防伪措施由国家税务总局确定,省税务机关可以根据需要增加本地区的发票防伪措施,并向国家税务总局备案。普通发票的种类有平推式发票、卷式发票、定额发票等。普通发票的防伪措施分为面向公众的公众防伪措施和面向发票鉴定人员的特殊防伪措施。

延伸阅读 5-4

国家税务总局关于启用增值税普通发票(卷票)有关事项的公告

为了满足纳税人发票使用需要,国家税务总局决定自 2017 年 1 月 1 日起启用增值税普通发票(卷票),现将有关事项公告如下:

一、增值税普通发票(卷票)规格、联次及防伪措施

增值税普通发票(卷票)分为两种规格:57 mm×177.8 mm、76 mm×177.8 mm,均为单联。增值税普通发票(卷票)的防伪措施为光变油墨防伪(详见附件1)。

二、增值税普通发票(卷票)代码及号码

增值税普通发票(卷票)的发票代码为12位,编码规则:第1位为0,第2~5位代表省、自治区、直辖市和计划单列市,第6~7位代表年度,第8~10位代表批次,第11~12位代表票种和规格,其中06代表57 mm×177.8 mm 增值税普通发票(卷票)、07代表76 mm×177.8 mm 增值税普通发票(卷票)。

增值税普通发票(卷票)的发票号码为8位,按年度、分批次编制。

三、增值税普通发票(卷票)内容

增值税普通发票(卷票)的基本内容包括:发票名称、发票监制章、发票联、税徽、发票代码、发票号码、机打号码、机器编号、销售方名称及纳税人识别号、开票日期、收款员、购买方名称及纳税人识别号、项目、单价、数量、金额、合计金额(小写)、合计金额(大写)、校验码、二维码码区等。增值税普通发票(卷票)票样见附件2。

四、其他事项

(一) 增值税普通发票(卷票)由纳税人自愿选择使用,重点在生活性服务业纳税人中推广使用。

(二) 增值税普通发票(卷票)的真伪鉴别按照《中华人民共和国发票管理办法实施细则》第三十三条有关规定执行。

本公告自 2017 年 1 月 1 日起实施。

特此公告。

附件：1. 增值税普通发票（卷票）防伪措施的说明（略）

　　　2. 增值税普通发票（卷票）票样（略）

国家税务总局
2016 年 12 月 13 日

三、收据的认知与填制

（一）收据的含义

收据是由收款单位填制的作为单位内部使用的非正式票据，如图 5-32 所示。

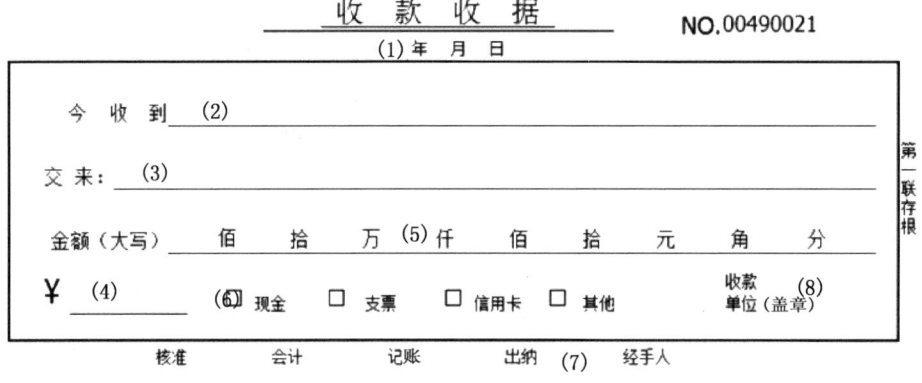

图 5-32　收款收据的填制

现金收入均需开具收款收据，经出纳人员鉴定现钞的真伪无误后，在现金收入凭证上加盖"现金收讫"并签章，其中一联交与交款人，以明确经济责任。

（二）收据的联次说明

收据的基本联次一般为一式三联：

第一联为存根联，开具单位留存。

第二联为收据联，交付款人作为付款的凭证。

第三联为记账联，交财会部门据以记账。

（三）收据的填制

收据由收款单位出纳人员在收款后填写，应按编号的顺序使用，全部联次用双面复写纸一次性套写完成。

收据的填制如图 5-32 所示，具体内容如下：

（1）填写收款日期。

（2）填写交款单位或交款人名称。

（3）填写交款原因。

(4) 填写交款小写金额。

(5) 填写交款大写金额。

(6) 勾选收款情况。

(7) 收款人签名。

(8) 加盖收款单位印章。

【例 5-8】 2023 年 12 月 20 日，采购员李林报销差旅费，冲销其借款，并退回现金 500 元。出纳人员收到退款后，给李林开具了收据，如图 5-33 所示。

收款收据 NO.10275386
2023 年 12 月 20 日

今 收 到 李林
交 来：差旅费余款　　　　　　　　　现金收讫
金额（大写）　零佰　零拾　零万　零仟　伍佰　零拾　零元
￥500.00　☑现金　□支票　□信用卡　□其他
核准：　会计：　记账：　出纳：王小红　经手人：

图 5-33　收款收据（记账联）

（四）收据的识别

收据是企事业单位在经济活动中使用的原始凭证，其可以分为内部收据（见图 5-33）和外部收据（见图 5-34），外部收据又分为税务部门监制、财政部门监制、部队收据三种。

图 5-34　财政部门监制的收据（收据联）

收据通常指的是内部收据,其作为收款方的自制专用原始凭证,必须加盖收款单位的财务印章或收款个人的签章。

外部收据主要是指财政部门印制的盖有财政票据监制章的收付款凭证,用于行政事业性收入,即非应税业务。

会计职业道德 5-2

现金收款业务办理流程

出纳人员向外单位或顾客直接收取现金款项时,办理业务流程如下:

(1) 受理收款业务,查看收款依据是否齐备。
(2) 审核收入来源是否合理合法。
(3) 当面清点现金,做到一笔一清。
(4) 开具收款凭证,并在收款凭证上加盖"现金收讫"戳记。
(5) 根据盖有"现金收讫"戳记的收款凭证编制记账凭证。
(6) 根据记账凭证登记库存现金日记账。

四、现金解款单的认知与填制

(一) 现金解款单的含义

现金解款单又称为"现金缴款单",是开户单位将现金送存银行时填写的原始凭证。

各单位必须按开户银行核定的库存现金限额保管、使用现金,收取的现金以及超出库存限额的现金,应及时送存银行。现金送存时先由出纳人员清点票币,款项清点整齐核对无误后,由出纳人员填写现金解款单存入银行。

(二) 现金解款单的联次说明

现金解款单为一式三联或一式二联:

第一联为回单联,由银行盖章后退回存款单位。

第二联为收入凭证,由收款人开户银行作为银行收入凭证。

第三联为附联,作为附件,是银行出纳留底联。

(三) 现金送存的业务流程

(1) 由出纳人员清点票币,款项清点整齐核对无误后,出纳人员根据清点情况填写现金解款单并将现金送存银行。

(2) 银行经办人员清点无误并核对现金解款单后,在现金解款单上加盖现金收讫章,将第一联交存款单位作记账凭证,第二联银行留存作为贷方传票。

(四) 现金解款单的填制

现金解款单由出纳人员填制,填写时要用双面复写纸复写,一次套写完成,如图 5-35 所

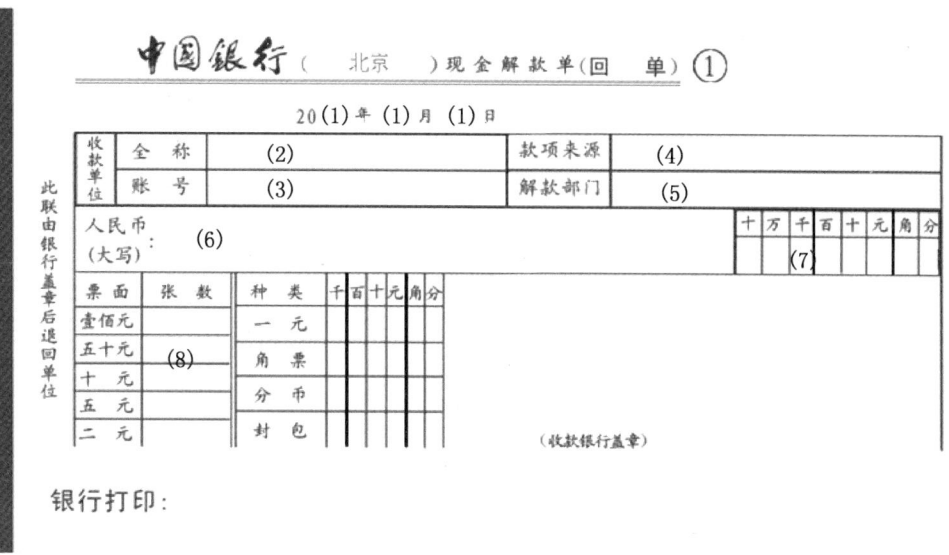

图 5-35 现金解款单的填制

示,具体内容如下：

（1）填写办理现金缴存的日期。

（2）填写缴存账户的收款人全称。

（3）填写缴款单位在开户银行的账号。

（4）填写款项来源,如保证金、投资款、货款等。

（5）填写交款单位名称。

（6）填写人民币大写金额,不得更改,大写金额数字应紧接"人民币"字样填写,不得留有空白。

（7）填写小写金额,不得更改,大小写必须一致,小写数字前面加人民币符号"￥"。

（8）填写对应的票面张数。

【例 5-9】 2023 年 12 月 18 日,华夏有限责任公司出纳人员将当天的销售货款送存开户银行,其中百元券 20 张,50 元券 10 张,10 元券 5 张,填制现金解款单如图 5-36 所示。

五、借款单的认知与填制

（一）借款单的含义

借款单是企业各部门或职工个人从单位预借款项的一种自制原始凭证,如图 5-37 所示。

借款单属于单位内部自制原始凭证,是借款人借款的凭证。借用公款时,由借款人填写借款单(注明借款金额、日期、用途等),由经办部门负责人、法人签字批准,方可办理借款手续,领取现金。如借款金额较大时,应附相关的明细支出项目及金额的预算申请书。

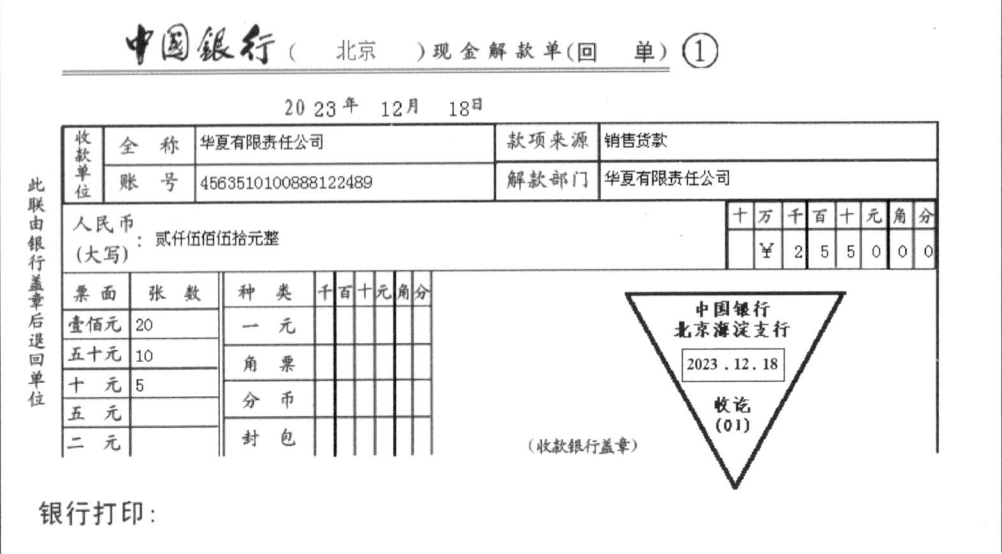

图 5-36　现金解款单(回单)

(二) 借款单的业务流程

(1) 用款部门或个人根据业务需要,经过领导批准填制借款单,有关领导审核批准后送交财会部门办理借款手续。

(2) 财会部门审核无误后予以支付现金。

(3) 借款人归还借款时,财会部门将回执退给借款人。

(三) 借款单的填制

借款单的填制如图 5-37 所示,具体内容如下:

借 款 单

(1)年(1)月(1)日　　　　　　第 089 号

借款部门	(2)	姓名	(3)	事由	(4)	
借款金额(大写)		万 仟 佰 拾(6)元 角 分			¥ (5)	
部门负责人签署	(8)	借款人签章	(7)		注意事项	一、凡借用公款必须使用本单 二、出差返回后三天内结算
单位领导批示	(9)	财务经理审核意见	(9)			

图 5-37　借款单的填制

(1) 填写此笔经济业务事项制证的日期。

(2) 填写借款人所在部门。

(3) 填写借款人姓名。

(4) 填写借款事由,如出差等。

(5) 填写借款的小写金额。

(6) 填写借款大写的人民币金额,并与小写金额相符。

(7) 借款人签名或盖章。

(8) 部门负责人签名或盖章。

(9) 单位领导批示签名及签署审核意见。

注意:出纳人员应根据付款凭证在付款后于借款单上加盖"现金付讫"印章,并及时登记现金日记账。

【例 5-10】 2023 年 12 月 15 日,华夏有限公司采购员李林前往南京出差,预借差旅费 3 500 元,以现金付讫,填制借款单,如图 5-38 所示。

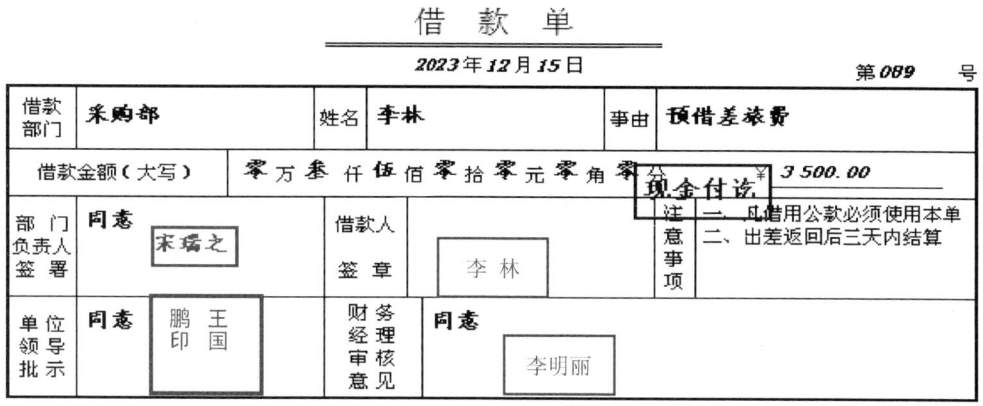

图 5-38 借款单

六、报销单的认知与填制

(一) 报销单的含义

报销单是单位职工因公出差或办理其他公务后,返回单位报销费用的一种自制原始凭证,如费用报销单、差旅费报销单等。

报销单一般为单联式,由报销人填制,如图 5-39 所示。

(二) 报销单的填制

费用报销单必须用蓝、黑钢笔或签字笔填制,不可使用圆珠笔或铅笔填写。填写报销单时要求字迹工整、清晰,金额不得涂改,凡需填写大小写金额的单据,大小写金额必须相符,相关内容必须填写完整,如图 5-40 所示。

费 用 报 销 单

部门 _____		报销日期　　年　月　日		附件　　张	
费用项目	类别	金额	负责人（签章）		
			审查意见		
			报销人（签章）		
报销金额合计			￥_____		
核实金额（大写）	拾　万　仟　佰	拾　元	角　分	￥_____	
借款数		应退金额		应补金额	

主管：　　　　　会计：　　　　　总务：　　　　　制表：

图 5-39　费用报销单

费 用 报 销 单

部门 (1)		报销日期　(2)年 (2)月 (2)日		附件 (3) 张	
费用项目	类别	金额	负责人（签章）	(9)	
(4)	(5)				
			审查意见		
			报销人（签章）	(8)	
报销金额合计			￥_____(6)_____		
核实金额（大写）	拾　万　仟　佰	拾　元	角 (7) 分		
借款数		应退金额		应补金额	

主管： (9)　　会计： (9)　　总务： (9)　　出纳： (9)

图 5-40　费用报销单的填制

图 5-40 中填制的具体内容如下：

(1) 在"报销部门"处填写所属的部门，如行政部、人事部、生产部等。

(2) 日期如实填写报销时的日期，单据及附件填写所附单据张数。

(3) 所附原始凭证张数，如发票等。

（4）"报销项目"。此处填写费用支出的用途,按不同项目分列填写,在摘要里可以填写详细内容。

（5）"金额"。此处填写实际发生金额。

（6）"合计"。各项费用合计金额填写阿拉伯数字,前面加上人民币符号"￥"。

（7）"金额大写"。此处填写合计的大写金额,并与小写金额相符。

（8）在费用报销单右下角的"报销人"处由报销人签字。

（9）相关人员审核并签章。

【例 5-11】 承[例 5-10]2023 年 12 月 20 日,华夏有限公司采购员李林出差归来,报销差旅费 3 000 元。其中,交通费 1 500 元,住宿费 1 000 元,伙食费 500 元,余款退回。填制差旅费报销单,如图 5-41 所示。

姓名:李琳

职务:采购员

差 旅 费 报 销 单

2023 年 12 月 20 日 　　　　　　　　　　　　　　　　　　　　单位:元

起		止		交通费、住宿费、伙食费、其他等				合计金额
月	日	月	日	交通费	住宿费	伙食费	其他	
12	15	12	19	1 500	1 000	500		￥3 000.00
合计人民币(大写)叁仟元整								

总经理:王国鹏　　财务经理:李明丽　　部门经理:张涛　　会计:赵瑞　　出纳:王小红　　报销人:李琳

图 5-41　差旅费报销单

本 章 小 结

本章主要学习:原始凭证的含义、内容、种类及填制要求;支票、银行本票、银行汇票、商业汇票、汇兑、委托收款、托收承付等银行结算凭证的认知与填制;增值税专用发票、普通发票、收据、现金解款单、借款单、报销单等现金收付业务常见凭证的认知与填制。

本 章 重 要 概 念

原始凭证　支票　银行本票　银行汇票　商业汇票　汇兑　委托收款　托收承

付　增值税专用发票　普通发票　收据　现金解款单　借款单　报销单

思考与练习

1. 什么是原始凭证？原始凭证是如何分类的？
2. 简述支票的种类及用途。
3. 增值税专用发票的开具要求有哪些？

第六章 会计资料的整理、归档与保管

- ➤ 内容提要
- ➤ 重点难点
- ➤ 学习目标
- ➤ 知识框架
- ➤ 思政育人
- ➤ 第一节 会计凭证的整理、归档与保管
- ➤ 第二节 会计账簿的整理、归档与保管
- ➤ 第三节 财务会计报告的整理、归档与保管
- ➤ 本章小结
- ➤ 本章重要概念
- ➤ 思考与练习

内容提要

本章主要讲解了会计凭证的整理与装订、会计凭证的归档与保管,并详细讲解了原始凭证的整理方法,粘贴法和熊氏折叠法。记账凭证的整理与装订讲解了三孔角订法。会计账簿的整理与装订、会计账簿的归档与保管,财务会计报告的整理与装订、财务会计报告的归档与保管。拓展了电子会计档案的发展趋势,并讲解了会计档案的保管期限和会计档案的销毁。

重点难点

本章重点是掌握会计凭证的整理、归档与保管,会计账簿的整理、归档与保管,财务会计报告的整理、归档与保管;难点是掌握会计凭证的整理、归档与保管。

学习目标

通过本章学习,学生应了解会计资料整理技能对会计资料保管及日后查询的重要性;掌握会计凭证的整理、归档与保管,会计账簿的整理、归档与保管,财务报告的整理、归档与保管,提高会计资料的利用效率。

知识框架

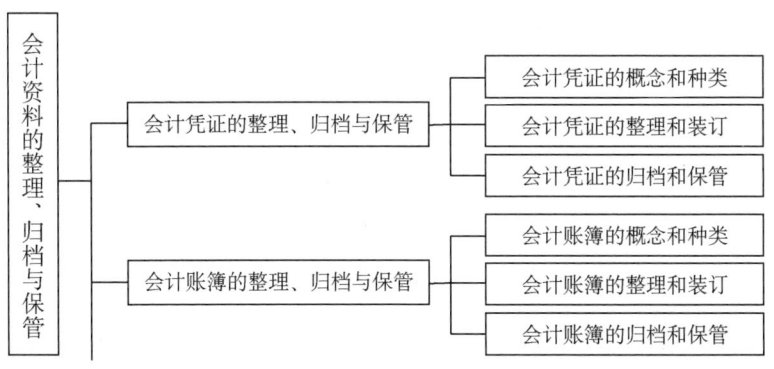

```
                            ┌── 财务会计报告的概念和种类
        财务会计报告的整理、归档与 ──┼── 财务会计报告的整理和装订
                     保管         └── 财务会计报告的归档和保管
```

 思政育人　　　　电子凭证会计数据标准应用

　　电子凭证会计数据标准应用实现电子凭证全流程数字化、绿色化和低碳化。中共中央、国务院印发的《数字中国建设整体布局规划》提出完整、准确、全面贯彻新发展理念,以数字化驱动生产生活和治理方式变革,为以中国式现代化全面推进中华民族伟大复兴注入强大动力。数字经济时代,电子形式的税务发票、财政票据、铁路客票、航空客票、银行回单和对账单等,各类电子凭证应用范围不断扩大,给会计工作、社会大众带来了便利,但由于电子凭证种类众多,数据标准不统一,会计信息系统无法有效自动批量识别解析结构化数据,仍然存在接收难、入账难、归档难等现象,增加了单位处理负担和成本,亟盼解决。

　　贯彻党的二十大精神和党中央、国务院有关决策部署,财政部会同相关主管部门,联合开展电子凭证会计数据标准试点工作,就是为了打通电子凭证报销入账归档"最后一公里"。大力推进会计工作数字化转型,以相关主管部门有关业务范围为基础,制定和执行统一的电子凭证会计数据标准。对开具端单位和接收端单位的相关信息系统按需进行配置,可帮助接收端单位接收、解析电子凭证。推动实现电子凭证从开具、接收到处理、存储等各环节全流程标准化无纸化处理。试点期间,相关单位进行系统配置时,可以借助财政部提供的免费基础工具包或服务保障单位提供的免费个性化工具包。

　　电子凭证会计数据标准应用前,单位每个月都会收到大量的各种电子凭证。经办人往往将电子凭证一张张打印出来,粘贴好进行报销。财务人员凭打印的纸质凭证记账并整理归档保存。电子凭证会计数据标准应用后,单位相关会计信息系统对接收到的电子凭证自动解析提取出结构化数据,完成报销审核流程和账务处理流程,并生成入账信息结构化数据文件。全部账务处理工作结束后,单位按照《会计档案管理办法》和《财政部、国家档案局关于规范电子会计凭证报销入账归档的通知》的有关要求,可仅以电子形式保存报销入账的电子凭证。

　　会计数据标准的应用,能够降低资源消耗,提升数字化、绿色化协同发展能力,优化业务流程,提升会计信息质量,加快数字化转型,提升综合治理效果。"三个提升"利国利企利民。财政部会同相关主管部门继续开展电子凭证会计数据标准深化试点立足长远,系统总结可复制、可推广的经验做法,力争在"十四五"期间尽快推动全面推广应用,切实解决企事业单位电子凭证"接受难、入账难、归档难"等问题。

　　资料来源:中华人民共和国财政部会计司.电子凭证会计数据标准应用.[EB/OL].(2023-10-28)[2023-12-09]. https://www.mof.gov.cn/caizhengshipin/czdao/202310/t20231024_3912847.htm.

【思政寄语】
　　党的二十大报告指出,推动经济社会发展绿色化、低碳化是实现高质量发展的关键环节。习近平总书记在党的二十大报告中强调加快建设数字中国、加快发展数字经济,推动经济社会发展绿色化、

低碳化。面对新形势、新要求,我们作为未来的"财务人"也应该顺应时代的要求,从会计资料的整理、归档与保管工作做起,形成绿色低碳的生产方式和生活方式。

第一节 会计凭证的整理、归档与保管

一、会计凭证的概念和种类

(一) 会计凭证的概念

会计凭证简称凭证,是记录经济活动,明确经济责任的书面证据,也是登记账簿、进行会计监督的重要依据。

(二) 会计凭证的种类

会计凭证分为原始凭证和记账凭证。

(1) 原始凭证按取得来源不同,分为自制原始凭证和外来原始凭证。自制原始凭证分一次凭证、累计凭证和汇总凭证。原始凭证按格式不同分为通用凭证和专用凭证。

(2) 记账凭证按内容可分为收款凭证、付款凭证和转账凭证;按填列方式可分为复式记账凭证和单式记账凭证。

二、会计凭证的整理和装订

(一) 会计凭证的整理

会计凭证的整理是装订的前提和基础。会计凭证的整理工作,主要是对原始凭证进行排序、粘贴和折叠。由于原始凭证种类繁多、大小不一,为了使装订工作顺利进行,以及使装订后的凭证整齐、美观,必须做好凭证的整理工作。

(1) 对于纸张面积小于记账凭证的原始凭证,一般不能直接装订,则采用粘贴的方法。① 如果原始凭证比较多,即先按一定次序和类别排列,再粘在一张同记账凭证大小相同的白纸上(也称为"粘贴单"),如图 6-1 所示。粘贴时要注意,要用固体胶,应尽量将同类同金额的单据粘在一起;如果是板状票证,可以将票面票底轻轻撕开,厚纸板弃之不用。粘贴完成后,应在白纸一旁注明原始凭证的张数和合计金额。粘贴时采用层叠的粘贴方式,自右向左,自上而下进行粘贴,可在粘贴单面积内分开均匀粘平。做到上下左右薄厚均匀,并且每一张原始凭证都要和粘贴单有所粘贴,不能一张原始凭证完全粘在另一张原始凭证上,如图 6-2 所示。② 如果原始凭证比较少,即可直接粘在记账凭证的背面。原始凭证附在记账凭证后面的顺序应与记账凭证所记载的内容顺序一致,不应按原始凭证的面积大小来排序。粘贴时采用层叠的粘贴方式,自右向左,自上而下进行粘贴,可在记账凭证面积内分开均匀粘平。做到上下左右薄厚均匀,并且每一张原始凭证都要和粘贴单有所粘贴,不能一张原始凭证完全粘在另一张原始凭证上。

微课视频6-1
会计凭证的
整理装订

原始凭证粘贴单

凭　证　粘　贴　处
共粘贴原始凭证张数：　　　张　　合计金额（小写）：¥　　　　　签字：

图 6-1　原始凭证粘贴单

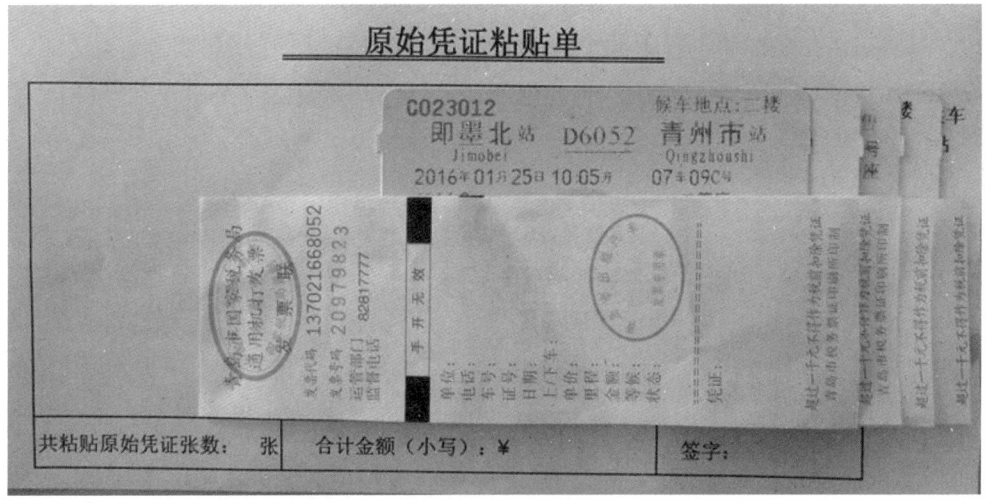

图 6-2　原始凭证的粘贴

知识链接 6-1
凭证附件的
熊氏折叠法

（2）对于纸张面积大于记账凭证的原始凭证，则采用折叠的方法，即"熊氏折叠法"。可按照记账凭证的面积尺寸，先自右向左，再自下向上进行折叠。折叠时应注意将凭证的左下角或左侧面空出，以便于装订后的展开查阅。熊氏折叠法（方法一）如图 6-3 至图 6-6 所示，图阴影部分表示发票正面。

（3）对于数量过多的原始凭证，如工资结算表、领料单等，可以单独装订保管，但应在封面上注明原始凭证的张数、金额，所属记账凭证的日期、编号、种类，同时在记账凭证上注明"附件另订"，以备查考。

此外，各种经济合同、存出保证金收据以及涉外文件等重要原始凭证，应当另编目录，单独登记保管，并在有关的记账凭证和原始凭证上相互注明日期和编号。

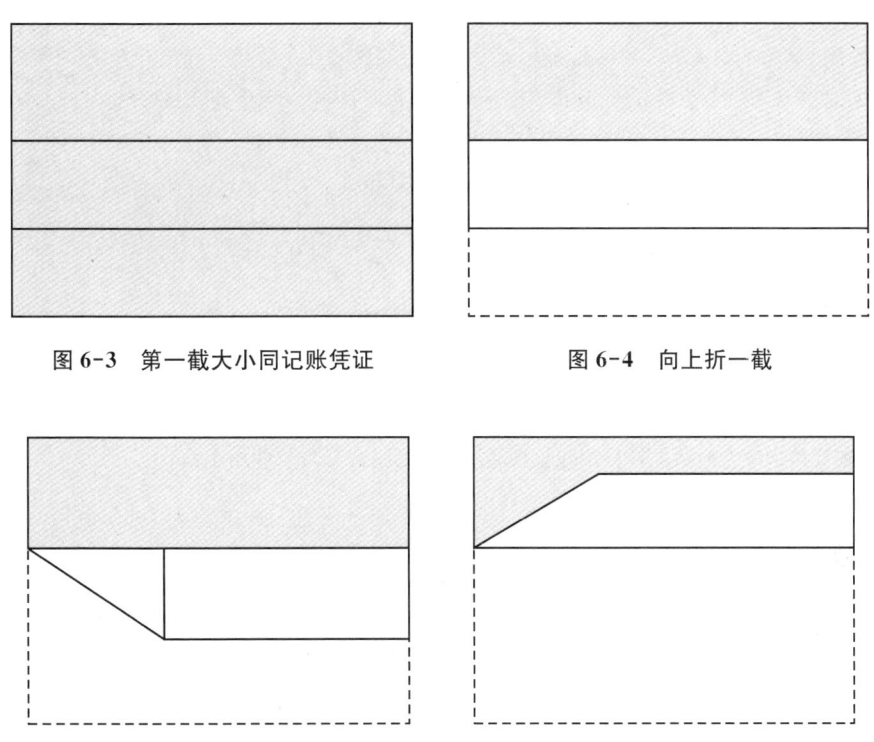

图6-3 第一截大小同记账凭证　　　　图6-4 向上折一截

图6-5 折角　　　　　　　　　　图6-6 沿第一截折线上折

 延伸阅读6-1

档案电子化

电子会计档案是指以磁性介质形式储存的会计核算的专业材料,是记录和反映经济活动的重要历史资料和证据,包括电子凭证、电子账簿、电子报表、其他电子会计核算资料等。根据《会计档案管理办法》,档案电子化包括内部会计资料电子化和外部会计资料电子化,具体规定如下:

第七条　单位可以利用计算机、网络通信等信息技术手段管理会计档案。

第八条　同时满足下列条件的,单位内部形成的属于归档范围的电子会计资料可仅以电子形式保存,形成电子会计档案:

(一)形成的电子会计资料来源真实有效,由计算机等电子设备形成和传输;

(二)使用的会计核算系统能够准确、完整、有效接收和读取电子会计资料,能够输出符合国家标准归档格式的会计凭证、会计账簿、财务会计报表等会计资料,设定了经办、审核、审批等必要的审签程序;

(三)使用的电子档案管理系统能够有效接收、管理、利用电子会计档案,符合电子档案的长期保管要求,并建立了电子会计档案与相关联的其他纸质会计档案的检索关系;

(四)采取有效措施,防止电子会计档案被篡改;

(五)建立电子会计档案备份制度,能够有效防范自然灾害、意外事故和人为破坏的影响;

知识链接6-2
会计档案管理办法

（六）形成的电子会计资料不属于具有永久保存价值或者其他重要保存价值的会计档案。

第九条 满足本办法第八条规定条件，单位从外部接收的电子会计资料附有符合《中华人民共和国电子签名法》规定的电子签名的，可仅以电子形式归档保存，形成电子会计档案。

资料来源：国家档案局.会计档案管理办法.[EB/OL].(2016-01-01)[2023-12-09]. https://www.gov.cn/gongbao/content/2016/content_5041555.htm.

会计职业道德 6-1

原始凭证的审核

在审核原始凭证的过程中，会计（出纳）人员要认真执行《会计法》所赋予的职责、权限，坚持制度、坚持原则。会计人员可拒绝办理的事项：

(1) 违反国家规定的收支，超过计划、预算或者超过规定标准的各项支出。

(2) 违反制度规定的预付款项。

(3) 非法出售材料、物资，任意出借、变卖、报废和处理财产物资。

(4) 不按国家关于成本开支范围和费用划分的规定乱挤乱摊生产成本的凭证。

以上四种事项，会计人员应拒绝办理。对于内容不完全、手续不完备、数字有差错的凭证，会计人员应予以退回，要求经办人补办手续或进行更正。对于伪造或涂改凭证等弄虚作假、严重违法的原始凭证，会计人员在不拒绝办理的同时，应当予以扣留，并及时向单位主管或上经主管报告，请求查明原因，追究当事人的责任。

（二）会计凭证的装订

会计凭证的装订是指把定期整理完毕的会计凭证按照编号顺序外加封面、封底，装订成册，并在装订线上加贴封签。

1. 会计凭证的装订顺序

会计凭证的装订顺序如下：

(1) 包角纸。

(2) 会计凭证封面。

(3) 记账凭证。

(4) 会计凭证封底。

2. 会计凭证装订的要求

会计凭证的装订要求既美观、大方又便于翻阅，所以在装订时要先设计好装订册数及每册的厚度。一般来说，一本凭证，厚度以 1.5～2.0 cm 为宜，太厚了不便于翻阅核查，太薄了又不利于放置。凭证装订册数可根据凭证多少来定，原则上以月份为单位来装订，每月订成一册或若干册。有些单位业务量小，凭证不多，把若干个月份的凭证合并订成一册就可以，只要在凭证封面上注明本册所含的凭证月份即可。为了使装订成册的会计凭证外形美观，在装订时要考虑到凭证的整齐、均匀，特别是装订线的位置，如果厚度太薄时可用纸折一些三角形纸条，均匀地垫在此处，以保证它的厚度与凭证中间

的厚度一致。具体要求如下:

(1) 会计凭证应定期装订成册,防止散失。从外单位取得的原始凭证遗失时,应取得原签发单位盖有公章的证明,并注明原始凭证的号码、金额、内容等,由经办单位会计人员、会计机构负责人和单位负责人批准后,才能代作原始凭证。若确实无法取得证明的,如飞机票丢失,则应由当事人写明详细情况,由经办单位会计主管人员、会计机构负责人和单位负责人批准后,代作原始凭证。

(2) 会计凭证封面上应注明单位名称、凭证种类、凭证张数、起止号数、年度、月份、会计主管人员、装订人员等有关事项,会计主管人员和保管人员应在封面上签章。

(3) 原始凭证较多时,可单独装订,但应在凭证封面上注明所属记账凭证的日期、编号和种类,同时在所属的记账凭证上应注明"附件另订"及原始凭证的名称和编号,以便查阅。

3. 用手动穿线装订机对会计凭证进行装订的方法

装订前,要以会计凭证的左上侧为准放齐,准备好铁锥、装订机或小手电钻,还有线绳、铁夹、胶水、凭证封皮、包角纸。

装订会计凭证时采用角订法。它的具体操作步骤如下:

(1) 将凭证封面和封底分别附在凭证前面和后面,再将包角纸(没字的一面朝上)放在封面左上角,做护角。

(2) 在包角纸左上角画一边长为 5 厘米的等腰三角形,以会计凭证左上角为准墩齐,用夹子夹住固定。

(3) 打孔眼的三个点的确定。以此等腰三角形为准,底边左端开始 2 厘米确定一个点,底边右端开始 2 厘米确定另一个点。

(4) 以这两个点分别和等腰三角形的腰画平行线,两平行线交叉确定第三个打孔点。

(5) 手动穿线装订机,如图 6-7 所示,用该装订机在以上确认好的三个点上打孔。

图 6-7 手动穿线装订机

(6) 用大针引线从背面开始穿线,依次穿过三个孔眼,穿过每一个孔眼时都要在此孔的外边绕一圈,然后把绳线拉紧。在凭证的背面打线结,留有 2 厘米的长度剪断。三点装订加上外边缘再绕一圈的装订方式既稳定又美观。

(7) 将包角纸沿虚线向左上角翻折。

(8) 在包角处涂抹上胶水。

(9) 将折叠包角纸侧边拉紧粘贴在凭证的背面。

(10) 同上一步骤,将包角纸的另一侧折叠粘贴在凭证的背面。

(11) 装订完成的凭证。

（12）待晾干后,填写凭证封面内容,并在凭证本的脊背上面写上"某年某月第几册共几册"的字样,字样内容与凭证封面内容完全一致。装订人在装订线封签处签名或者盖章。收款凭证、付款凭证、转账凭证最好依次顺序编号,一个月从头编一次序号,如果单位的凭证少,可以全年顺序编号。

4. 用热熔铆管装订机对会计凭证进行装订的方法

装订前,要以会计凭证的左上侧为准放齐,准备好热熔铆管装订机,如图6-8所示,铆管,如图6-9所示,同时准备铁夹、胶水、凭证封皮、包角纸。

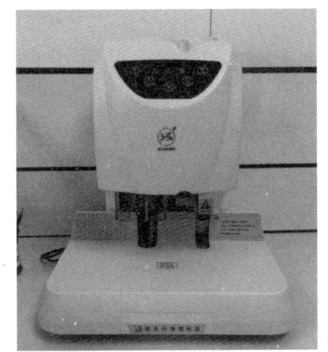

图6-8　热熔铆管装订机

图6-9　铆管

装订会计凭证时采用角订法。它的具体操作步骤如下:

（1）将凭证封面和封底分别附在凭证前面和后面,再将包角纸（没字的一面朝上）放在封面左上角,做护角。

（2）在包角纸左上角画一边长为5厘米的等腰三角形,以会计凭证左上角为准墩齐,用夹子夹住固定。

（3）打孔眼的三个点的确定。以此等腰三角形为准,底边左端开始2厘米确定一个点,底边右端开始2厘米确定另一个点。

（4）以这两个点分别和等腰三角形的腰画平行线,两平行线交叉确定第三个打孔点。

（5）用热熔铆管装订机在以上确认好的点上打孔,如图6-10所示,无需再引线固定。

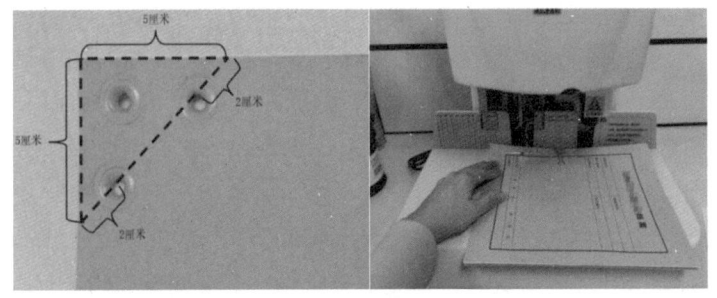

图6-10　打三个孔

(6)将包角纸沿虚线向<u>左上角翻折</u>。

(7)在包角处涂抹上胶水。

(8)将折叠包角纸侧边拉紧粘贴在凭证的背面。

(9)同上一步骤,将包角纸的另一侧折叠粘贴在凭证的背面。

(10)装订完成的凭证。

(11)待晾干后,填写凭证封面内容,并在凭证本的脊背上面写上"某年某月第几册共几册"的字样,字样内容与凭证封面内容完全一致。<u>装订人在装订线封签处签名或者盖章</u>。收款凭证、付款凭证、转账凭证最好依次顺序编号,一个月从头编一次序号,如果单位的凭证少,可以全年顺序编号。

微课视频6-2 使用热熔铆管装订机对会计凭证进行装订

三、会计凭证的归档和保管

(一)会计凭证的归档

将装订好的记账凭证放入凭单盒,<u>应有专人负责分类保管,年终应登记归档</u>。凭单盒应比装订好的记账凭证略大。凭单盒侧面应注明凭证的年度、月份、凭单编号及档案号等内容,以便查找。

会计凭证归档后,原则上不得外借,遇特殊原因,如发生贪污盗窃等经济犯罪案件等,需要使用原始凭证时,经本单位会计机构负责人、会计主管人员批准,应予复制,避免抽出原始凭证致使原册残缺受损。向外单位提供的原始凭证复印件,应当在专设的登记簿上登记,并由<u>提供人员和收取人员共同签字或盖章</u>。

(二)会计凭证的保管

会计凭证的保管期限和销毁手续,必须严格执行《会计档案管理办法》的规定,任何人无权随意销毁。按照规定,会计凭证的保管期限一般为<u>30年</u>。保管期限从会计年度终了后第一天算起,到会计凭证保管期满后,必须按照规定的审批手续,报经批准后才能销毁。但销毁前应认真清点核对,填制"会计档案销毁目录",销毁会计凭证时,会计部门和档案部门共派人员进行监销;<u>销毁后在销毁清册上签名或盖章</u>,并将销毁清册交档案部门入档保管。

延伸阅读6-2

档案管理元数据

元数据一般解释为"关于数据的数据",它被广泛地应用在数据库图书馆、文档管理等信息资源管理领域。ISO15489文件管理国际标准将其定义为"描述文件的背景、内容、结构及其整个管理过程的数据"。元数据管理有助于保证电子文件的真实性、完整性、可靠性、可用性,保障电子文件的证据特性,便于对电子文件的理解、管理、交换和利用,是电子文件管理中必不可少的一部分。

随着电子文件的大量生成,有必要为创建、管理、应用元数据建立统一的方案,以系统有效地记录电子文件的内容特征、形式特征、背景和管理过程信息,为电子政务、办公自动化、文件及档案管理系统的设计提供依据,并全面实现元数据的多种功能和用途。照片类电子档案元数据实体及其元数据构成,涉及电子档案形成、登记、归档、移交、接收、保存、利用、销毁等全过程。

资料来源:DA/T54—2014 照片类电子档案元数据方案[S].北京:中国标准出版社,2014.

知识链接6-3
照片类电子档案元数据方案

第二节 | 会计账簿的整理、归档与保管

一、会计账簿的概念和种类

(一)会计账簿的概念

会计账簿是按照会计科目开设的,由具有一定格式的账页组成,以会计记账凭证为依据,全面地、连续地、系统地、综合地记录企业单位经济业务事项的会计簿籍。设置和登记账簿是会计核算的一种专门方法,各单位通过设置和登记账簿,可以把分散在会计凭证上的大量核算资料,加以集中和归类整理,生成有用的会计信息,从而为编制会计报表提供主要依据。

(二)会计账簿的种类

1. 会计账簿按用途分类

(1)分类账簿:总分类账、明细分类账。

(2)序时账簿:现金日记账、银行存款日记账。

(3)备查账簿:其他辅助性账簿。

2. 会计账簿按格式分类

会计账簿按格式可分为多栏式和三栏式。

3. 会计账簿按外形分类

会计账簿按外形可分为订本式账簿、活页式账簿和卡片式账簿。

二、会计账簿的整理和装订

(一)会计账簿的整理

各种会计账簿办理完年度结账后,除跨年使用的账簿外,其他均需整理并妥善保管,会计账簿在装订前,应按账簿启用表的使用页数,核对各个账户账面是否齐全,是否按顺序排列。活页账簿在去空白页后,将账页数整理齐全,将账面数项填写齐全,撤去账夹,用坚固防水耐磨的纸张做封面、封底,装订成册。不同规格的活页账不得装订在一起。订本账未用完的空白账页不得取出,要保持原装 100 页(或 50 页)完整无缺。

(二)会计账簿的装订

1. 会计账簿的装订顺序

(1)会计账簿装订封面,如图 6-11 所示。

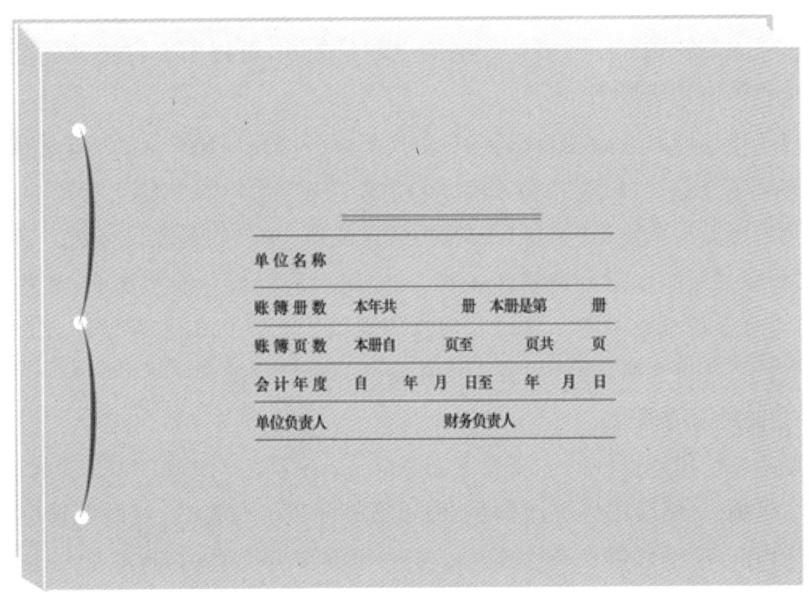

图 6-11 会计账簿的封面

(2)账簿启用表。

(3)账户目录。

(4)按账簿页数,顺序装订账页。

(5)会计账簿装订封底。

2. 会计账簿装订的要求

(1)装订后的会计账簿应牢固、平整,不得有折角、掉页的现象。

(2)账簿装订的封口处,应加盖装订人印章。

(3)装订后,会计账簿的脊背应平整,并注明所属年度及账簿名称和编号。

(4)会计账簿的编号为一年一编,编号顺序为总账、现金日记账、银行存款日记账、明细分类账、其他辅助性账簿。

三、会计账簿的归档与保管

(一)会计账簿的归档

账簿在过次年后,按照装订要求装订整齐。会计业务量少的企业,账簿可以不贴口取纸;会计业务量大的企业,账簿上应该贴口取纸,可以按一级科目或材料大类分类,按账页顺序由前往后、自上而下地粘贴,当合起账簿时,全部贴口取纸应该整齐、均匀,并能够显露出科目名称,不要在账簿上下两侧贴口取纸,而应该在右侧粘贴,以保证整齐,存档时可以竖立放置,以便抽取。

会计账簿的更换通常在新会计年度建账时进行。一般来说,总账、日记账和多数明细账应每年更换一次。但有些财产物资明细账和债权债务明细账由于材料品种、规格和往来单位较多,若更换新账,重抄一遍的工作量较大,可以不必每年度更换一次。各种备查账簿也可以连续使用。

年度终了更换旧账并启用新账后,对更换下来的旧账要整理装订,造册归档。归档前旧账的整理工作包括:检查和补齐应办的手续,如改错盖章、注销空行及空页、结转余额等。活页账应撤出未使用的空白账页,再装订成册,并注明各账页号数。旧账装订时应注意:活页账一般按账户分类装订成册,一个账户装订成一册或数册;某些账户账页较少,也可以合并装订成一册。装订时应检查账簿扉页的内容是否填写齐全。装订后应由经办人员及装订人员、会计主管人员在封口处签名或盖章。

(二) 会计账簿的保管

会计账簿在使用过程中的平时管理也很重要,也应妥善保管。账簿的封面颜色,同一年度内力求统一,然后逐年更换颜色,便于区别年度。这样,在查找账簿时就会比较方便。账簿内部,应编好目录,建立索引。各种账簿要分工明确,制定专人管理,账簿经管人员既要负责记账、对账、结账等工作,又要负责保证账簿的安全。未经单位领导和会计机构负责人或者有关人员批准,非经管人员不能随意翻阅、查看会计账簿。会计账簿除需要与外单位核对外,一般不能携带外出。对携带外出的账簿,一般应由经管人员或会计主管人员指定专人负责。会计账簿不能随意交与其他人员管理,以保证账簿安全和防止任意涂改账簿等问题的发生。

年度终了,给账户在结转下年、建立新账户时,一般都要把旧账送交总账会计进行集中统一管理。会计账簿暂由本单位财务会计部门保管1年,期满后,由财务会计部门编造清册并移交本单位的档案部门保管。

各种账簿同会计凭证和财务报告一样,都是重要的经济档案,必须按照制度统一规定的保存年限妥善保管,不得丢失和任意销毁。根据《会计档案管理办法》的规定,总账、明细账、日记账、其他辅助性账簿均应保管30年。固定资产明细账(卡片)在固定资产报废清理后保管5年。保管期满后,会计账簿应按照规定的审批程序报经批准后才能销毁。

? 相关案例 6-1

会计档案的管理

2024年12月,某市财政局派出检查组对华夏有限责任公司的会计工作进行检查。检查中了解到一下情况:

(1) 2023年3月,新的财务主管李明丽上任后,将其朋友的女儿小林调入该厂财务科任出纳,兼管会计档案保管工作。

(2) 2024年1月,该厂档案科同财务科编制会计档案销毁清册。经公司法人签字后,按规定进行了监销。经查实,销毁的会计档案中有一些是保管期满但未结清的债权债务原始凭证。

要求:请指出上述情况中哪些行为不符合法律规定,并说明理由。

第三节 财务会计报告的整理、归档与保管

一、财务会计报告的概念和种类

(一) 财务会计报告的概念

财务会计报告是指单位会计部门根据经过审核的会计账簿记录和有关资料,编制并对外提供的反映单位某一特定日期财务状况和某一会计期间经营成果、现金流量及所有者权益等会计信息的总结性书面文件。

(二) 财务会计报告的种类

财务会计报告分为:月度、季度、半年度、年度财务会计报告。

1. 财务会计报告组成

财务会计报告的组成包括:会计报表、会计报表附注和财务情况说明书。

(1) 会计报表按照编制的时间可分为中期报表和年报。中期报表是指短于1年的会计期间编制的会计报表,如月报、季报、半年报。年报是年度终了以后编制的,全面反映企业财务状况、经营成果及其分配、现金流量等方面的报表。

(2) 会计报表按其编制单位可分为单位会计报表、汇总会计报表和合并会计报表。

(3) 会计报表按其服务对象可分为外部报表和内部报表。

二、财务会计报告的整理、装订

(一) 财务会计报告的整理

将各单位编制的会计报表(包括本单位留存的报表和编制的报表底稿),均应按每个月、季、年度分别整理,是装订的前提和基础。整理顺序一般是首先将编制会计报表说明书放在首页,其次是反映全面情况的主要报表,再次是有关明细报表和附表。以便按会计报表顺序编号,按顺序号装订。

(二) 财务会计报告的装订

会计报表编制完成及时报送后留存的报表按月装订成册,谨防丢失。小企业可按季度装订成册。

1. 会计报表的装订顺序

会计报表的装订顺序如下:

(1) 会计报表封面,如图 6-12 所示。
(2) 会计报表编制说明。
(3) 按会计报表的编号顺序排列的各种会计报表。
(4) 会计报表封底。

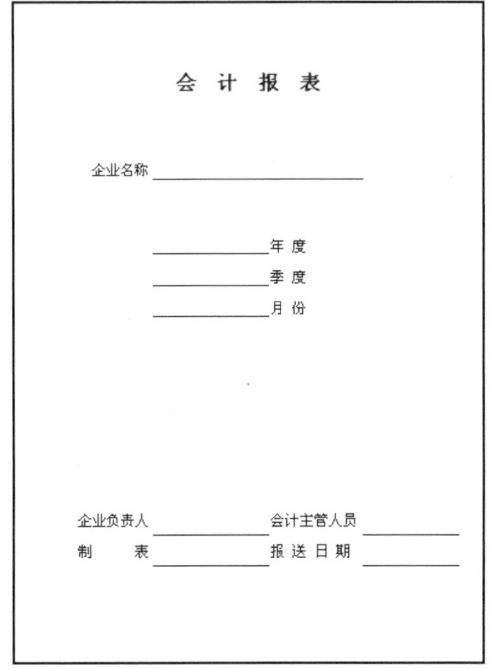

图 6-12　会计报表装订封面

2. 会计报表装订的要求

(1) 会计报表装订前要按编报目录核对是否齐全,整理报表页数,上边和左边对齐压平,防止折角,如有损坏部位,在修补后完整无缺地装订。

(2) 到年终时,将全年的月份、季度会计报表(按汇总的、所属单位的、本单位的)分别合订在一起,合订的会计报表应另加封皮,注明何年何时期至何时期,并由装订人签章。年度决算报表规定的保管期不同,应单独装订。

(3) 一个单位的会计报表若页数不多,平时可用订书钉装订。合订的会计报表和年度决算报表,应用线绳装订。用线绳装订时,应将其中所有的金属订书钉、大头针摘除干净,以防日久生锈。

(4) 盖章齐全。一定要加盖单位公章,以单位的名义上报。只在单位会计报表封面上加盖财务部门的章是不对的,因为财务部门只是企业的一个部门,财务章主要用于财务收支及单位授权处理的某些具体经济事项。就会计报表而言,只有签章齐全才能被法律承认为合法的文书资料。单位领导人以法人代表的身份在会计报表上签章,以示对会计报表负全部责任;财务部门负责人、审核人员和制表人员签章,是对会计报表种类及各项数字的完整、准确、合法分别负具体责任。既要单位及其领导人全面负责,也要按照分工,责任到人。

三、财务会计报告的归档与保管

(一) 财务会计报告的归档

会计报表一般在年度终了后,由专人(一般是主管报表的人员或财会机构负责人)统一收集、整理、装订,并立卷归档。平时,月(季)度报表由主管人员负责保存。年终,将全年会计报表按时间顺序整理装订成册,登记会计档案(会计报表)目录,逐项写明报表名称、页数、归档日期等。经会计机构负责人审核、盖章后,由主管报表人员负责装盒归档。按保管期限编制卷号。

(二) 财务会计报告的保管

会计报表经整理、装订后移交档案管理部门保管。会计报表是最重要的会计档案之一,同其他会计档案一样要加强安全管理,以便充分利用。

保管好会计报表档案要做到:

首先要严格执行安全和保密制度。

安全是指会计报表档案完好无损,做到不丢失、不破损、不被虫蛀等。安全制度包括会计报表档案的保存、保护责任制,检查、监督方面的制度。

保密是指会计报表档案的信息不能超过规定传递的范围。保密制度包括接受会计档案信息的范围、对象,利用会计档案时保密的程序、方法,以及各环节保密的责任等。

其次要严格执行检查、保管制度。要有专人负责保管会计报表档案。有关单位、人员要定期和不定期地检查会计档案的保存情况,要严格按规定的程序、技术方法处理档案保存中的问题。单位合并和建设项目竣工后的会计档案,应随同单位的全部档案一并移交上级指定的单位,并按照规定编制移交清册,办理交接手续。

根据《会计档案管理办法》的规定,月度、季度、半年度财务会计报告保管期限为5年,年度财务会计报告应永久保管。

? 技巧提示 6-1

企业和其他组织会计档案保管期限

序号	档案名称	保管期限	备注
一	会计凭证		
1	原始凭证	30 年	
2	记账凭证	30 年	

(续表)

序号	档案名称	保管期限	备注
二	会计账簿		
3	总账	30年	
4	明细账	30年	
5	日记账	30年	
6	固定资产明细账(卡片)		固定资产报废清理后保管5年
7	其他辅助性账簿	30年	
三	财务会计报告		
8	月度、季度、半年度财务会计报告	10年	
9	年度财务会计报告	永久	
四	其他会计资料		
10	银行存款余额调节表	10年	
11	银行对账单	10年	
12	纳税申报表	10年	
13	会计档案移交清册	30年	
14	会计档案保管清册	永久	
15	会计档案销毁清册	永久	
16	会计档案鉴定意见书	永久	

延伸阅读6-3

《会计档案管理办法》关于会计档案的销毁和移交的规定

第十六条 单位确定可以销毁的会计档案,应当按照以下程序进行销毁:

(1)单位档案机构编制会计档案销毁清册,列明销毁会计档案的名称、卷号、册数、起止年度和档案编号、应保管期限、已保管期限、销毁时间等内容。

(2)单位负责人、档案机构负责人、会计机构负责人、档案机构经办人、会计机构经办人在会档案销毁清册上签署意见。

(3)单位档案机构、会计机构、审计机构共同负责组织销毁工作,并共同派员监销。电子会计档案销毁时,还应当由信息系统管理机构派员监销。

(4)监销人在会计档案销毁前,应当按照会计档案销毁清册所列内容进行清点核对;在会计档案销毁后,应当在会计档案销毁清册上签名或盖章。

第十七条 保管期满但未结清的债权债务会计凭证和涉及其他未了事项的会计凭证不得销毁,纸质会计档案应当单独抽出立卷,电子会计档案单独转存,保管到未了事项完结时为止。单独抽出立卷或转存的会计档案,应当在会计档案销毁清册和会计档案保管清册中列明。

第二十二条 单位之间交接会计档案时,交接双方应当办理会计档案交接手续。

移交会计档案的单位,应当编制会计档案移交清册,列明应移交的会计档案名称、卷号、册数、起止年度和档案编号、应保管期限、已保管期限等内容。

交接会计档案时,交接双方应当按照会计档案移交清册所列内容逐项交接,并由交接双方的单位有关负责人负责监交。交接完毕后,交接双方经办人和监交人应当在会计档案移交清册上签名或盖章。

本章小结

本章主要学习:会计凭证的概念、种类、整理、装订、归档和保管;会计账簿的概念、种类、整理、装订、归档和保管;财务会计报告的概念、种类、整理、装订、归档和保管。

本章重要概念

会计凭证　会计账簿　财务会计报告　熊氏折叠法

思考与练习

1. 保管期满的会计档案,一般可以按照什么程序进行销毁?
2. 会计档案管理办法中财务会计报告的分类有哪些?
3. 保管期满,不得销毁的会计档案包括什么?

第七章 会计人员的沟通技能

- 内容提要
- 重点难点
- 学习目标
- 思政育人
- 第一节 会计人员应具备的沟通技能
- 第二节 提高会计人员的沟通技能
- 本章小结
- 本章重要概念
- 思考与练习

内容提要

本章主要讲解了会计人员沟通能力的必要性,会计人员的概念、职责以及内在要求;讲解了会计人员应具备的沟通能力,主要包括对外部单位的沟通能力和对单位内部的沟通能力,并详细讲解了提高会计人员沟通技能的技巧和途径。

重点难点

本章重点是掌握会计人员应具备的沟通能力,包括对企业外部单位的沟通能力和对单位内部的沟通能力;难点是掌握会计人员提高沟通能力的途径,懂得具备良好的沟通能力在处理好人际关系中的重要性,以及具备良好的沟通能力对会计工作的重要性。

学习目标

通过本章学习,学生应了解会计人员的职责,当前会计人员的内在要求;掌握会计人员应具备的沟通能力,包括对企业外部单位的沟通能力和对单位内部的沟通能力;掌握会计人员提高沟通能力的途径,懂得具备良好的沟通能力在处理好人际关系中的重要性,以及具备良好的沟通能力对会计工作的重要性。

知识框架

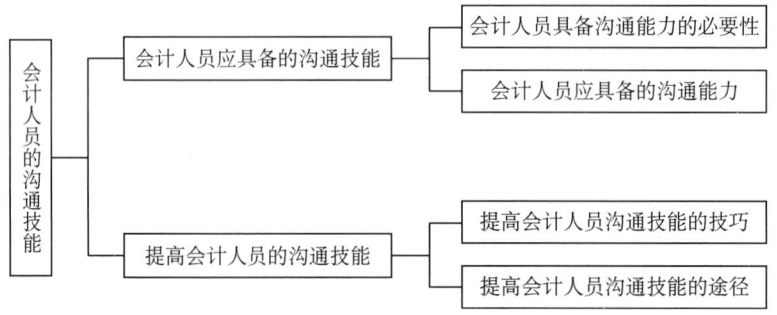

思政育人　　会计又"出事",小心"假老板"陷阱!

泰州市海陵区某公司财务小李接到自称是银行工作人员的电话,表示即将对公司账户进行年检,请小李添加对方QQ商谈细节。之后,小李被"工作人员"拉进一个QQ群,群内还有公司老板"陈总""办公员"。在商谈好年检工作后,"陈总"告诉小李,他和别人商谈了一笔业务,需要小李转账付款。小李看"陈总"谈吐自然,说起业务合同也无异样,加之其不停催促,便根据"陈总"指示,先后5次向对方提供的指定账户转账,共136万元。事后,小李感觉有些不对劲,但一直无法联系上"陈总",报警求助才发现被骗。

假冒老板指令财务人员转账,此类骗局已不新鲜,警方不断宣传提醒,但仍有财务人员上当受骗,给公司、个人造成巨大财产损失。归根结底,是没有严密的公司财务管理规定,或会计没有严格遵守规定,对外转账没有当面或电话向老板再次确认,因此,掉入了诈骗陷阱。面对"老板"要求转账,会计们切勿慌了神,认清诈骗套路,时刻保持警醒才是王道。

套路分析:

诈骗分子事先通过非法渠道获得受害人姓名、工作单位和职务等个人资料,随后注册微信或QQ等社交账号,添加受害人为好友。

诈骗分子往往会使用老板的真实姓名,或和老板一模一样的昵称、头像,骗取受害人信任。

编造支付"合同保证金、业务款、资金拆借"等理由,假扮该公司老板以命令的口气告知财务人员将大额货款、保证金、工程款等打至指定账户。

财务人员出于对老板的顺从,降低警惕,直接打款,骗子卷款消失。

警方提醒:

企业负责人、财务人员需时刻保护好公司与个人有关的账户、密码等信息,包括网络社交信息以及相关的账号、密码和验证码。

财务人员如突然被拉进新的微信群、QQ群,务必提高警惕,尽可能找到公司老板当面进行核实。

严格遵守财务规章制度,如涉及转账汇款,特别是大额转账、实时到账,务必要跟老板当面或者拨打电话进行确认。

资料来源:泰州市局.会计又"出事",小心"假老板"陷阱![EB/OL].(2023-06-09)[2023-12-09]. https://gat.jiangsu.gov.cn/art/2023/6/9/art_6373_10918595.html.

【思政寄语】

党的二十大报告指出,建设覆盖城乡的现代公共法律服务体系,深入开展法治宣传教育,增强全民法治观念。推进多层次多领域依法治理,提升社会治理法治化水平。

第一节　会计人员应具备的沟通技能

一、会计人员具备沟通能力的必要性

(一)会计人员的概念

会计人员,是指根据《中华人民共和国会计法》的规定,在国家机关、社会团体、企

知识链接7-1
财务人员必知防骗知识及责任风险防范

业、事业单位和其他组织中从事会计核算、实行会计监督等会计工作的人员。

会计人员包括从事下列具体会计工作的人员：

(1) 出纳。

(2) 稽核。

(3) 资产、负债和所有者权益(净资产)的核算。

(4) 收入、费用(支出)的核算。

(5) 财务成果(政府预算执行结果)的核算。

(6) 财务会计报告(决算报告)编制。

(7) 会计监督。

(8) 会计机构内会计档案管理。

(9) 其他会计工作。

担任单位会计机构负责人(会计主管人员)、总会计师的人员，属于会计人员。

(二) 会计人员的职责

会计人员的职责包括：

(1) 进行会计核算。

(2) 实行会计监督。

(3) 拟订本单位办理会计事务的具体办法。

(4) 参与拟订经济计划、业务计划，考核、分析预算、财务计划的执行情况。

(5) 办理其他会计事务。

(三) 会计人员的内在要求

(1) 知识经济时代是以人为本的时代，要求会计人员要具备综合能力。会计人员的能力是指能运用所掌握的知识和技能完成会计工作的本领。良好的沟通能力是处理好人际关系的关键。具有良好的沟通能力可以使会计人员在处理各项事务时很好地表达自己的工作意图，获取别人的理解和支持，从而提高会计工作的成效。

(2) 在现代市场经济条件下的企业，对会计人员的对外协调能力方面的要求较高。企业与工商、税务、银行以及政府有关部门之间的关系，很多都需要会计人员来处理关系。如果会计人员不具备这些环节的协调能力和技巧，就会影响企业的发展。新形势下做一个合格的会计人员，不仅需要全面的会计知识、法律知识、经济知识，而且需要内外协调能力。

(3) 由于会计人员的职责要求，会计人员确认、计量、记录、跟踪各方面的会计信息和会计资料，要与采购、生产、仓库保管、销售以及科研等环节和部门的人员打交道；还要全面、系统、总括的了解企业的经营情况，通过对经营活动的处理、分析和汇总，向决策层提供决策依据和生产经营的数据资料。

二、会计人员应具备的沟通能力

(一) 会计人员对外部单位的沟通能力

(1) 会计人员在行使职责的过程中,必然与上下级、各主管部门、银行及其他利害关系的利益人和企业之间发生各种联系,只有具备良好的沟通能力,才能做好各项工作,提高工作效率。企业会计人员涉及的外部关系包括处理与财政、工商、税务、金融、保险等诸多部门之间的关系。

(2) 虽然财务人员不是企业推销员,但有些涉外业务活动是需要财务人员参与的,比如贷款,企业在贷款筹集资金时,有可能会和金融机构打交道,和审计部门、财政部门有来往,此时除了要将企业真实的经营情况和财务状况反映给相关部门外,还要靠会计人员的阐述,真诚的态度,与相关部门人员积极配合才能顺利完成贷款筹集资金的任务。

(3) 与税务部门打交道,除了要了解税收相关政策及其变动情况外,在与税务部门人员交流过程中,询问与被询问都是不可避免的,所以会计人员也要有一定的协调能力,才能使企业的纳税任务顺利完成。作为会计人员,企业的财务总监,与税务部门的沟通只是对外沟通的一个方面。企业的投资人、债权人等其他相关利益者也同样非常关心企业的经济效益,也存在沟通的必要性与交流的空间。在市场经济体制下,对企业财务管理人员有了更高的要求,如要对宏观经济形势有清晰的判断与把握,要把经济问题放置于宏观经济政策背景下予以考量,关注经济走向与国家政策演变,从而为企业作出正确的决策。

(二) 会计人员对单位内部的沟通能力

(1) 会计人员向来以埋头苦干、甘于默默无闻而著称。由于会计工作要求准确、及时、客观、公正,因此会计人员工作时必须一丝不苟、专心致志,但是只做好这些是远远不够的,会计人员不仅仅要报账、记账、算账,还要处理好与同部门、与企业领导,与单位其他各个部门之间的关系。即便最简单的报销业务,也需要开口与其他部门及领导打交道。

(2) 财务部门不仅是管理部门,同时也是服务部门,它与企业很多部门和人员都有直接关系,如办理报销、发工资、办理结算、履行会计手续等业务。因为在办理会计手续的过程中,会计人员要严格按照国家法律和企业规章制度办理,而前来办理手续的人不一定都了解这个过程,有时会发生矛盾冲突,会计人员要具备良好的沟通能力,认真巧妙地加以解释,使对方能够愉快地与会计人员合作处理好所要办理的会计业务。

(3) 现今,对于我国的会计人员来说,传统的财务会计人员即"管账型"人员已经相对普遍,而能协助企业管理者作出有效经营管理决策的综合会计人才即"管理型"会计人员相对缺少。所以会计人员从"管账型"转向"管理型"是现实的需要。这就更加要求会计人员具有较强的与各个部门的沟通协调能力。

会计职业道德 7-1

培养会计人员高度自觉的保密观

会计的职业性质,决定了会计能够掌握和了解本单位大量的内部机密资料和信息,这些信息一旦外泄,可能会给单位造成很大的经济损失。严守机密是会计工作极为重要的职业责任和职业纪律,每位会计人员都应站在国家和企业根本利益的高度,加强这方面修养。首先,要进一步增强保密意识。有人认为,改革开放了,"无密可保""有密难保",这种思想是十分有害的。从企业经营来看,在市场竞争中,有应保守的机密;对外开放条件下,特别是企业对外合资、合作、合营过程中,更应该保守必要的机密资料、经营策略,以维护企业和国家的利益。

第二节 提高会计人员的沟通技能

一、提高会计人员沟通技能的技巧

沟通能力是指把意思表达清楚的能力,包括倾听的能力、阅读的能力、清晰的语言表达能力、清晰的文字表达能力。

提高会计人员沟通技能的技巧如下所述。

(一)学会倾听

(1)沟通要讲究"听"的艺术,只有听明白人家在说什么,你才能有针对性地表达自己的思想。积极倾听就是要暂时放下自己的思想、期待、愿望和成见,全神贯注地理解讲话者想表达的内容,与其一起去体验、感受整个过程。要适应说话者的风格,要感知对方心理和情绪的变化;要从对方的角度去思考问题。财务部门一般是综合性管理部门,要和单位内外方方面面的人打交道,因此应具备一定的沟通协调能力。学会倾听的过程,可以了解、评估对方的认知,思考、设计如何达成共识,提供正确认知的方法。在倾听的过程中,充分表现对对方的尊重、耐心以及理解,建立互相信任的氛围,进而引导对方坦诚诉说,积极参与到话题中来,是工作得以认真完成的关键要素。

(2)有人说:"沟通之道,贵在于先学少说话。"多听少说。特别是在上司面前,更应当聆听,表现出愿意接纳上司的意见和想法的态度。做到有效倾听,必须专心听并筛选重点,理解其涵义。眼睛注视着对方,不时点头称是;不要轻易插嘴,要注意倾听弦外之音;只有充分理解上司的想法,才能准确地回答上司提出的问题和发表自己的见解。会计人员要具有良好的语言和文字的表达能力,能简要、准确地陈述问题和观点,文明礼貌、团结协作、互相支持;能正确处理好上下级之间、各部门之间的关系,树立会计人员自身良好的职业形象。

(二) 摆正自己的位置,掌握说话的分寸

(1) 对于上司,我们既要保持自己的人格,又要对他表示尊敬。要重视上司的意见,认真执行上司布置的任务。在上司尚未作决定之前,可以向他表明自己的看法、建议,一旦他已经决定,最好不要坚持己见。但是,在必要的场合,可以提出不同的观点。只要我们的态度是有礼的、谦恭的,诚实地说出自己的看法,反而比一味奉承谄媚、随声附和,更能得到对方的重视。另外,我们和上司共同参加会议,讨论问题的时候,要掌握什么话应当由上司去说,什么话我们可以说。不能趁着领导在的机会有强烈的自我表现欲,抢领导的话说。某些会计人员,总犯这个毛病,一有机会他就替上司总结和表态,结果引起很多人不满。

(2) 由于会计人员与其他部门的工作性质不同。在许多企业业务人员的眼中,财务部门办事呆板,缺少灵活性;只会说"不",不会说"是";缺乏服务意识,只图自己方便,不顾业务部门的需求;事难办,脸难看,事情是不是办,办不办得成,要看财务人员高兴不高兴。这些是不少业务人员对财务部门的抱怨。而在很多财务人员的眼中,会计准则、财务制度、税收法规等都是天条,是不能违反的;他们只知道这么做不行,却不知道或者不去想怎么做既不违反制度、法规,又能使业务活动正常开展;有的财务人员甚至认为,反正老板也不懂,我说不行就不行,你要说行,将来出了问题你负责。实际上,财务人员是可以往前走一步的,会计工作并不是铁板一块,是有运作余地的。从表面上看,"语言"不通、财务人员缺乏服务意识,是财务部门和业务部门的工作性质不同所导致;实际上,其深层次原因是财务部门的定位问题,没有摆正自己的位置,沟通就做不好。财务部门的工作中的记账、报销、出报表、报税,目前企业的财会部门都做得很好。做得都不好的是管理会计这一块,就是怎么样对内提供增值服务。因此,要解决业务部门与财务部门的沟通问题,就要从改变财务部门的定位开始,要把财务部门变成企业价值的管理者,变成业务部门的合作伙伴。

(三) 既要坚持原则,又要讲究态度方法

(1) 会计人员有一定的财权,这就需要我们坚持原则,行就是行,不行要和人家讲明白。企业财务审批权限和程序不尽相同,绝大多数企业仍执行一支笔审批制度。很多企业都是由主管财务的副总或老总签批。当客户或当事人拿来单据让你报销时,作为会计人员应当审查单据的合法性和真实性,发现问题及时和上司沟通。

(2) 人们常说态度决定一切,沟通也是如此。谦虚、真诚、谨慎的沟通态度,可增强沟通双方的信任感,在此基础上表达的意思将更具有说服力。在沟通的过程中,在明白对方的意图之后,要做好充分的准备去应对,仔细斟酌,将对方的问题一一破解。重点内容要加以强调,运用语音语调使他人注意。要注意语言表达方式,宜采用先概括后演绎的思维方法,以保证思路清晰,重点突出,说话有条理,同时语言表达要讲究艺术性,

力求语言通俗易懂和简明扼要,尽量不使用会计专业术语,对方听起来会轻松自如,也不易感觉疲劳。

(四) 积极主动,协调好与各部门的关系

(1) 上级领导交代办的事,有的比较容易办,有的很难办。办完以后应当及时和上司汇报结果。作为财务人员,特别是会计主管人员,不能办成一件事情以后,自我炫耀,认为功劳都是自己的。特别对于不是你一个人办的事情,不能把功劳记在自己的账上,尽量推让给别人,便于今后合作。如果你的下属做错了事,导致事情没有办成,你应当主动承担责任,总结经验和吸取教训。这样上司不但不能责怪你,反而会更加器重你。

(2) 会计人员分内的事情,尽量自己去处理,能做主的事情要做主,尽量不打扰上司,要培养自己独立工作的能力。在不越权的前提下,要替上司分忧。看准的问题,及时办理,不能等待上司的指派。有些问题应该想到上司的前面,要有前瞻性,他想说还没有说,你把事情办完了,他肯定很高兴。

(3) 在日常工作中,尽可能为上司搞好公共关系。在他人面前,应该委婉说明上司的优点和长处,以及对下属的照顾。在上司面前,要常常赞许同事的品德和才能,以拉近公司上下的距离,增进企业内部的团结。当听到关于上司的"小道消息",不传话,不传播。有的上司专门喜欢打听别人对他的议论,我们不能做他这方面的"耳目"。切忌拨弄是非,即使关系非常融洽,也要注意掌握分寸。一个聪明的人能够和上司保持融洽的关系而又不过分亲密。

(4) 会计人员要严于律己,宽以待人。会计人员要互相尊重。俗话说:"做事之前先做人",会计工作也不例外,要把做人放在第一位,人无完人,要善于发现、克服自身的缺点,多看他人优点,以坦荡的胸怀、豁达的心境来体谅对方、谦让别人,多做事少争功,在一些非原则问题上不要斤斤计较,切忌去争什么你输我赢,退一步海阔天空。争强好胜必然导致两败俱伤,百害而无一利。赠人玫瑰,手有余香。宽容别人,就是善待自己。美国著名的人际关系学大师卡耐基说:一个人事业的成功,只有15%是由于他的专业技术,另外85%要靠人际关系和处世的技巧。

(5) 会计人员要及时化解矛盾。在工作中同事之间不可避免发生冲突,要尽早予以化解。沟通出现问题时,首先做好自我检讨。对同事多一些宽容理解,少一些牢骚抱怨,有不同意见时,尽量使用委婉的语言,说服对方,不要发生争执,如发生误解和争执,一定要换位思考,理解一下别人的处境,千万别情绪化,若激化了矛盾,于人于己于工作都不利,应及时化解。比如,在原则范围内可以采取适当妥协的策略,或暂时予以回避,再寻找适当的时机进行解释,争取相互理解,或寻求他人协调;等等。

(五) 采用正确的沟通方式

(1) 会计人员沟通的方式是多样的。"一张桌子、两张椅子,面对面的正襟危坐,这才是沟通",这种认识是错误的。我们应该灵活运用各种沟通方式。开会、座谈、谈心、谈判、电话交谈等口头交流的形式是沟通；书信、通知、合同等书面交流的形式是沟通；E-mail、QQ、网上聊天等信息化交流的形式是沟通；AA制饭局、一起做一项体育活动，甚至一次握手、一个眼神、一个微笑等都是具体有效的沟通形式。沟通没有固定的模式，只要是适当的、有效的沟通，就是成功的沟通。所以沟通时，应视具体的对象、时间、场合、环境、目的而灵活运用各种沟通形式。

（2）会计人员沟通在企业中存在正式沟通与非正式沟通、书面沟通与口头沟通等不同的形式。在具体选择时，要根据沟通对象以及沟通内容决定。例如，公司开会讨论、开展培训等就属于正式沟通。对于那些重大、具有影响力的事件应以正式的、书面的形式发放给全体员工；对于日常、琐碎的事情则以效率为第一，优先考虑口头传达的形式。

相关案例 7-1

会计人员学会沟通的重要性

华夏有限责任公司会计人员遇到这样一种情况，张某拿着一张老总签批好的单据来财务部要钱，该会计人员知道这家企业的底细，他们没有这项资产的产权，交易肯定存在问题。便对张某说，单据先放在我这里，您先回去，等我的电话。张某十分不满意，问为什么不能给钱？拿着这张条子就要找老总，会计人员说："您别生气，请坐一会，喝点水。我需要和老总沟通一下。"老总听完会计介绍的情况后，才恍然大悟，连说险些上当。老总把张某叫到他的办公室，说明情况，取消了那笔交易。老总还对张某说，财务部的做法是对的，请他不要误会。并说，出了问题对谁都不好。从那次以后，老总作出决定，凡是来结算要钱的，先让该会计人员审核签字，他再审批。

要求：

(1) 上述案例中体现了会计人员什么能力的重要性？

(2) 会计人员的沟通技巧有哪些？

二、提高会计人员沟通技能的途径

（一）加强会计人员的培训学习

（1）2013年8月27日，财政部以财会[2013]18号印发《会计人员继续教育规定》。该规定分总则、管理体制、内容与形式、学分管理、机构管理、师资与教材、监督与检查、附则共八章三十八条，自2013年10月1日起施行。该规定明确规定了会计人员继续教育的主要内容、培训形式、继续教育的学时、组织实施及考核检查。为适应我国会计行业的不断改革与发展，现代会计人员不仅要熟练掌握会计的基本知识和操作技能，还要掌握一定的计算机知识，以适应对会计信息提供及时、准确、高效的要求。随着经济全球化，会计国际趋势化的增强，现代会计人员应有一定的英语听、说、写能力，另外还要多学习一些金融、保险、公共关系学等方面的专业知识，提高理论水平。

(2) 由于会计工作繁琐,业务性强,需要有较高的业务技术水平,才能做好日常核算工作,才能对报表进行编制和分析。未来经济发展趋势也要求会计从业人员在知识结构、业务水平、综合能力等方面进一步提高,要达到此目标,有效的途径是通过后续教育。管理部门可出台一些激励措施,大力支持会计人员通过各种形式自学,了解和掌握国家财经法规及审计、税务、统计、电算化及经营管理方面的知识;参加全国会计专业技术资格考试,对取得财会专业学历和获得会计专业技术资格的财会人员,给予精神和物资的奖励。对于会计人员来说,自身的不懈努力才是最根本、最重要的因素。

(二) 建立加强自我沟通的机制

一个具有良好沟通能力的人,可以将自己所拥有的专业知识及专业能力进行充分的发挥,并能给对方留下深刻印象。要想有效提高沟通能力,需要建立自我提高机制。

(1) 会计人员应该清楚自己的沟通范围和沟通对象,以便全面地提高自己的沟通能力。

(2) 评价自己的沟通状况。会计人员在处理日常事务的过程中,应该有意识地不断反思以下问题:①会计人员对哪些情境的沟通感到有心理压力?②会计人员是否与多数人能够保持轻松愉快的沟通?③会计人员是否经常误解别人,事后才发觉自己错了?④会计人员是否经常感到自己的意思没有表达清楚?

只有认真、客观的解答上述问题,才能清楚与哪些人的沟通需要重点改善。做到对自己有的放矢,遇到矛盾时理性沟通,对事不对人,强化好的沟通,努力改善差的沟通,不断提高会计人员的工作效率。

(3) 沟通是一门学问,同时也是一门艺术。会计人员具备良好的沟通能力,会使会计工作更具有针对性和适用性,才能不断改善工作方法,适应新的工作模式和新的理财环境,跟上时代的步伐,适应时代的需求。

(三) 对会计人员实行轮岗制

知识链接7-2 如何做好电子信息档案管理的保密工作

(1) 有的会计人员工作一辈子,只做过出纳,或者是审核报销,或者是记账,如果到了别的岗位就不能胜任工作,因此实行会计人员岗位轮换制是很有必要的。通过会计轮换制,使会计人员丰富了知识,掌握了经济运行和财务工作的全貌,便于培养协作精神,克服成见,促进工作,同时促使他们自觉学习与提高,自觉地学会处理局部和整体的关系。在条件具备的情况下,单位内部一级财务、二级财务及公司之间的会计人员应进行轮换。

(2) 现代会计人员应具备较高的综合能力。目前,各单位都在进行人事制度改革,在制定岗位职责时,对会计人员工作能力方面应提出更高的要求。例如,会计人员通过竞聘上岗,如能力达不到要求,可暂时留在会计岗位试用,如通过培训确实达不到要求时,可分流到其他适合的岗位。会计人员聘期可为1年,聘任期满,对其进行考核,考核合格者继续留在会计岗位,不合格者将转到其他岗位。这样使得会计人员有紧迫感,迫使自己不断地提高综合能力。

 延伸阅读7-1

信息化形势下会计人员能力的培养

1. 在会计专业基础知识和会计信息理论的学习中培养能力

在会计信息化的发展过程中,会计人员的专业知识结构要不断更新必须从传统的会计型转向现代的计算机网络型。通过专业培训和自主学习达到能独立编制机构财务预算对所应用系统产生的数据进行加工整理并对子系统以及管理决策所用的各种内部报表进行设计。此外新型会计人员还应具有审查财务管理方案,编制内外部用户所需的财务报告为机构高层管理人员提供各种信息咨询等能力。会计信息时代的会计人员还要努力学习和不断探索会计、审计、财务管理理论与方法,熟悉企业经营管理的策略以及与财务管理有关的法律、法规,掌握扎实的理论基础和实践技能,努力成为新型的会计人员。

2. 在计算机网络知识的学习中培养能力

在会计信息化的环境下,会计人员不仅要熟练掌握计算机网络会计的一般知识而且应该具有计算机网络会计的分析与技术设计能力。不仅要成为会计信息系统的使用者也要成为会计信息系统的维护者。会计管理信息系统是一个人机互动的系统,人在其中起主导作用。因此会计人员必须树立与会计信息化相适应的思想观念,加强计算机网络知识的学习,熟练掌握计算机操作技能和数据库、网络技术的使用技巧,培养计算机软件的设计、操作等能力,使计算机网络技术为会计事务、会计管理服务。

3. 在强化职业素养中培养能力

会计职业道德是会计人员从事会计活动应遵守的行为准则和要求,会计人员应具有正确的世界观、人生观和价值观,具有健康的人格、职业素养和社会责任感以及强烈的责任心和敬业精神。而会计信息系统的开放、共享、监督等功能为会计人员提供良好的学习、修养平台,有利于会计人员形成客观公正的工作态度。实事求是、廉洁自律的职业品质要求在会计行为中能遵守国家法律,维护财经纪律并向信息使用者提供客观、真实、准确、可靠的会计信息。

本 章 小 结

本章主要讲解:会计人员沟通能力的必要性,会计人员的概念、职责以及内在要求;会计人员应具备的沟通能力,对外部单位的沟通能力和对单位内部的沟通能力;详细讲解了提高会计人员沟通技能的技巧和途径。

本章重要概念

会计人员　　会计人员的能力　　沟通能力

思考与练习

1. 提高会计人员沟通技能的方法有哪些？
2. 会计人员在企业中怎样选择正确的沟通形式？
3. 会计人员应该怎样评价自己的沟通状况？
4. 会计人员应具备的沟通能力有哪些？

参 考 文 献

[1] 财政部.《会计基础工作规范》(2022).
[2] 财政部,国家档案局.《会计档案管理办法》(2016).
[3] 杨印山.会计基本技能(第3版)[M].北京:中国人民大学出版社,2018.
[4] 关红.会计基本技能(第2版)[M].大连:东北财经大学出版社,2018.
[5] 蔡宝兰,李莉.财经基本技能(第4版)[M].北京:电子工业出版社,2022.
[6] 何素花.会计基础与技能(第2版)[M].北京:机械工业出版社,2021.
[7] 崔婕,姬昂,崔杰.Excel在会计和财务中的应用(第8版)[M].北京:清华大学出版社,2022.
[8] 陈国辉,迟旭升.基础会计(第7版)[M].大连:东北财经大学出版社,2021.